成熟大人の回嘴艺术

〔日〕 片田珠美 著

郭凡嘉 译

上海社会科学院出版社

SHANGHAI ACADEMY OF SOCIAL SCIENCES PRESS

目　录

1

序一　打脸的艺术

《商周》热门专栏"博主"　周伟航

多数人知道我,是看到我骂人的网络专栏。因此在许多读者眼中,我是个言语反应灵敏,开口就能呛爆人的尖嘴猴样。不过,尖嘴猴样或许有,但我的对谈能力,不见得那么灵光。

我其实很少与人"对话"。我的文字产量很高,上课也常一讲就四到六个小时,不过写作与讲课的性质都算是"独白",并非对话。虽然很多人害怕上台说话,但这其实不难,因为独白可以事前准备。

我比较没把握的,是与各类人士的对话。因为那非常随机,难以预期方向来准备,就像下棋一样,有时对方突然转了话题,而你反应不及,就只能"点点点点",非常尴尬。

当然,有时候我会和人激烈"对辩",但那是通过文字,和当面的对话不同。就算是双方吵起来的网络笔战,通常也有一两个小时的缓冲期,有时更长达三五天,让自己能慢慢思考策略、找资料,所以性质比较接近独白。

那种只有一两秒反应时间的机智问答,需要全然不同的技巧。这也就是为什么,我上政论节目时往往插不了话。等想到"梗"时,话题已经跑掉了,而我可能只是因为多想了 3 秒钟。

所以，大多数的交谊场合，我只是站在一旁听人讲话。我很清楚自己的对话能力不强，所以多半是观察其他人的言语表现，学习卓越者的对话技巧。除此之外，我也会看各国的综艺节目，抽选出精彩的对话片段，然后反复推敲他们是怎么开头、怎么回应、怎么收尾的。

这样学对话，当然相当辛苦，不过现在本书作者已将我知道的多数对话技巧，整理成这本简单的学习手册。她不但浅显说明了重要的对话诀窍，更难得的是，她还兼顾了道德性：不只是嘴炮赢人，而是通过对话的过程，带领彼此迈向卓越。像是她给予的在婆媳冲突中的建议，我认为就非常值得一般人参考。

提升对话能力，对我而言算是工作所需；对你来说，则可以作为人生资本。很多现代生活的困局，都是因为缺乏对话能力所造成的：不想回老家过年，因为不知如何应付长辈；也不想面对职场，因为看到上司、客户就无言以对。

你就算只掌握了整本书的三五个方法，也能大幅提升自身的对话信心。

只要能踏稳第一步，让自己从不会讲到不输人，甚而能服人，以至于"让人期待你讲"，相信不会花上太多时间。

最后，还是要请大家记得一个重点："打脸"并不是要打晕人，而是要打醒人。对话是解决问题，而非制造问题。学点能帮助别人，又可提升自我能力的技巧吧。

序二　战斗吧！神奇宝贝！

垃圾文界的一位美少年

"戏如人生，人生如戏。"在未出社会前，我总觉得乡土剧里演的企业争夺荒谬戏码，终究是编剧者穷途末路写出来的闹剧。然而，在真正踏入职场后，才晓得现实生活往往比1小时的电视剧更来得惊天动地。

刚踏入职场时，我就是个白目青年，整天以为自己可以战胜一切，其实事情并不是我们想象的那么简单。小智当初要从真新镇出发时，应该也没想过路途上会有多少凶猛的神奇宝贝在等着他，也不是随随便便收集神兽、天王球一丢就万事OK。

职场就像是打道馆一样，随着每关的进阶，面对的敌人会越来越难缠，有些应战的神奇宝贝采取直接攻击、张牙舞爪；有些则是看似可爱，殊不知在最后给你来个强力反击。要成为神奇宝贝大师，可不是踏踏实实地战斗就可以，你得提早认识你的敌人，好知道要准备哪颗宝贝球才能成功驯服对方。

工作了几年，看过许多形形色色的人，从单纯的小助理变成办公室的老油条，在公司会议的竞技场上，总能置身事外在旁默默观战，也因是旁观者，才更能看清楚不同主管的面貌。有些是张牙舞爪；有些则是笑脸迎人、背里开枪。我常常在想，到底是什么原因，造就这些奇葩在圈子里闯荡,是否有些行为其实在一开始,就可以找到征兆呢?

不了解敌人的人,就像少年 PI,乘坐在汪洋中的一叶孤舟中,只能随着海浪任意流荡,由际遇去决定你的生死。但当你拥有地图、指南针等求生工具时,就会出现实际的方向,进退能更潇洒自如,减少旅程中的不确定性。

我想这本书对于每个人来说,可以算是一本好好认识潜伏于周围的敌人的入门手册! 一开始,它会教你如何辨识眼前遇到的荒谬状况,帮你分辨你遇到的究竟是哪种怪物。一旦你知道敌人类型,不管攻击与守备与否,至少可以随时保持一种警觉的态度。

认识你的主管,看清你的朋友,才会知道手中有多少武器能去应付,这对我们来说是最好的保护措施。从此便能不因为对方的言语伤害,看轻自己,甚至对自我专业存疑,也能更嚣张坦荡地面对自己的职业规划、懂得进退的分寸拿捏,避免自己做出笨蛋的自杀行为。

希望大家能借由本书,进一步思考自己的处境,从而从容驾驭这些棘手的状况,提醒自己在往后的人生能有所警觉。最后,祝大家成功收伏不时出现在生活周围的神奇宝贝!

战斗吧! 神奇宝贝!

作者简介

身为上班族,以负能量爆发的心情写作经营粉丝团"垃圾文界的一位美少年"。对时事的关注,混合职场的抱怨,配合大量的讽刺截图表情包,为现代怨男怨女提供一丝疗愈的方法。

你手持武器备而不用，才得从容

你一定有过这种经验：同事或朋友对你说的一句话，看似无心，却总是缠绕心头；公司里不讲道理的主管，老是没来由地斥责大家，导致工作气氛非常凝重；家人或伴侣少根筋的发言，让你感到受伤，但对方却没有发现。

遇到这些状况，多数人只会保持沉默、静静忍耐，或者以苦笑来应对，无计可施，任凭对方摆布。

如果像这样什么都不做、忍气吞声的话，对方的言行举止只会变本加厉。在这个世界上，确实有人并不符合"人性本善"这种观点，他们非常有攻击性，不会设身处地去理解他人的痛苦。

如果遇到这种人，被他们当成攻击目标，你很可能就会被当成对方练拳用的沙包。

我是一名精神科医师，每天都会接触到患者，很多人遇到言语攻击时，只能忍气吞声，天长日久内心便累积了许多负面情绪，最后导致身心状态恶化。"对于他人的攻击，千万不能毫不抵抗。"这是我想大声疾呼的重点。

如果对方践踏了你的心，你却什么都不做，这其实就代表你毫不重视自己。在紧要关头，希望大家不要犹豫，要懂得保护自己。

明明很想反驳，一时之间却说不出话来；虽然不甘心，却只能

3

保持沉默。对于所有曾经历过这种事情的人来说，本书就是要传授你们在被对方言语攻击时，能聪明回嘴，不再黯然神伤的技术。

首先，我们要脱掉对手心理的外衣，让他们赤裸裸地呈现出来。接着，再来假想一下在日常生活当中，实际会发生的各种"攻击"场面，并掌握能应付这些状况的有效对策。

回嘴的招数，必定会成为你在建构良好的人际关系时，不可或缺的有力武器，甚至还能成为最佳挡箭牌。

"在这种时候，原来可以这样回嘴啊！"只要知道这一点，必定能以一颗更从容的心与他人相处。手持武器备而不用，会比手上什么武器都没有的无防备状态，更让你安心。

第一章

言语攻击的八种类型

"为什么他要这样对我说话?"

"真不敢相信我会遇到这种不公平的事,简直就是莫名其妙。"

在任何地方都有具有攻击性的人,或是喜欢恶言相向、酸你的人。

碰到这些人,就像遇上不可理喻的怪物。

当你遭受这种人的言语打击时,心绪会一片混乱,在愣住的当下,变得无法及时作出任何反击。然而,以结果来看,没反应便等于失败、退缩。

如果我们去分析这些具有攻击性的人,会发现他们其实不是什么怪物。他们和你一样,都只是普通人。不仅如此,他们比被攻击的人,拥有更脆弱的一面。

没错,越会攻击他人的人,越保持着恐惧、不安、脆弱的一面。所以,他们才会向外攻击——如果能明白他们的心理,想对策就变得容易多了。你可以不带恐惧地向他回嘴、反驳。

战斗的首要条件,就是要知道对方的心理。

高压、炫耀、带刺……8 种攻击类型

不管是在职场或朋友圈,都充斥着许多会攻击他人的人。这

些人究竟是如何对他人张牙舞爪的？尽管每个人的个性各不相同，但如果我们针对许多个案，从心理层面来观察的话，可以归纳出几种不同的模式。

事实上，这些会攻击他人的人，大致上可分成8种类型。

说到这里，我相信现在浮现在你脑海中的那个讨厌鬼，一定也符合以下8种类型的其中一种。当然，根据不同个案，他很可能拥有不止一种心理状态。

以下，我们就把这几种攻击类型的特征，作简单整理。

一 国王型

他们对人说话时，总是用一种命令式的高压语气，老是保持一种"我跟你们这些人不一样"的高傲、自大态度，希望别人能遵从他的意思。

二 没穿衣服的国王型

这种人只说跟自己有关的话题。无论是过去的丰功伟绩，或是获得什么好评，总之就是滔滔不绝地炫耀自己。如果有人说出和他不同的意见，他就会有激烈的反应，并加以批评。

三 羡慕、嫉妒型

这类人所说的话或是批评，往往会一刀刺入人心。如果你刻意冷淡、无视他，他虽然不会采取积极的攻击行动，但他会让你一点一点、慢慢感觉到他之后每一句话带来的痛楚。这种人通常都是朋友或同事等,和你拥有对等关系的人。

四 大少爷型

如果有什么事不顺他的意,就会像小孩子一样发脾气、闹别扭、不停抱怨。他会说:"谁叫你不照我说的去做,明明就是你不对!"把错都推到别人头上。如果你不接受他的要求,他绝对不会轻易善罢甘休。

五 悲情女主角型

老是抱怨或说负面的话,营造出"我很可怜"的形象。如果你好心给他建议,他也不会听。他们容易对一些小事过度反应,总觉得自己是受害者。并且,他们完全不觉得自己的行为,已经令对方感到厌倦。

六 转移目标型

对他人非常小的失败,或是不足挂齿的小小错误,总是过度愤怒。这种人生气的沸点异常的低,让人觉得"为什么他对这种小事这么生气"? 而且他会把你当成坏人,严加指责。

七 对过去有阴影型

这种人会对你没做错,或是完全不记得的事发脾气,甚至会毫无道理、不分青红皂白地发动攻击。常常令人无法理解为什么他们这么生气、为什么突然采取冷淡的态度,又为什么这么严苛地与你作对。

八 施虐者型

这种人会一味采取暴力的言行举止。如果看不到对方表现出受伤的反应,就不会停止攻击。根据不同的状况,可能还会动手施暴,或是摔东西等。

接下来,我们将具体揭开这 8 种类型的人所隐藏的心理状态。

只要能了解这些隐藏在攻击背后的心理问题,自然就能找到许多对策,帮助我们从问题中脱身。

一、口气都像下命令，问话像是控制狂

国王型的人，会采取如同国王般的高压态度，言行举止都展现出想支配他人、希望能按照自己意思进行的欲望。

比方说，职场中的主管，就有不少这种国王型的攻击者。他们会过度地以高姿态发言，并对他人微小的过失发不必要的脾气。

事实上，越会这么做的主管，对自己的工作能力或职位就越没自信。

如果一个主管在工作上积累了明确的实绩，并在该职位待了相当长的时间，且获得部属的信赖，是不会做出以上那些行为的。

30多岁的C先生，正在烦恼与新任主管之间的关系。

他过去的主管，在交办工作给他时，对小细节并不会有太多的指示或干涉，但新主管却会对细节一一发表意见。

"这个你做了吗？那个你用了没？"主管会针对每件小事反复询问，只要你有一件事情还没做，他就会开始激动。

这位主管和C先生才差两三岁，担任管理一职也才短短几个月的时间。而他之所以会出现这些举动，说穿了，就是因为缺乏自信。

我曾经任职于某大企业的保健室，当时我就发现，刚当上部长或董事的人，走路时肩膀都很紧绷。

如果是长期位居高级职位的人，并不会有这种动作。因为他们比较有自信，也知道若因为不必要的小事就虚张声势，会乱了阵

11

脚,甚至导致组织运作的不顺畅。

言行举止非常高压,并且想掌控他人的人,弱点就在于,他们认为如果无法掌握状况,"自己就会被瞧不起""优势可能就保不住了"。

由于缺乏自信,所以会不安,觉得大家都不尊重他,甚至持有恐惧感,不知道自己的地位什么时候会遭到威胁。因此,才会对人采取强势的态度,命令部属,试图以掌控的行为来换取心安。

因为恐惧,所以发动攻击,这不仅止于工作的场合,在其他地方也有可能发生。

写下《君主论》的意大利政治思想家马基雅弗利(Niccolo Machiavelli)曾经这么说:"人类出于恐惧和憎恨的心理,会做出偏激的行为。"

因为害怕,所以口出恶言;因为不安,所以专横跋扈。

因为没有自信,所以采取高压的态度来虚张声势。

因为想夸示自己位居上位,所以过度地严加指责。

这种人之所以想掌控他人,根源皆来自缺乏自信,不知自己何时会被威胁、取代的恐惧心理。

二、老是重提自己得意的事，不容反驳

没穿衣服的国王型的人，喜欢滔滔不绝地吹嘘得意的事，以自我为中心行事。

这种人的最大特征，是非常自恋，以及具有想被认同的欲望。也因此，他们希望别人能认可自己的能力，并习惯夸耀自己的优势。

曾有一位新主管，他不愿意遵照过去的工作方式，而企图强迫部属按照自己的方法做事。

尽管有人认为"我们好不容易已经习惯之前的方法了"，但新主管为了显示自己比前任还优秀，并想以自己的方式提升业绩，以获得上层的赞赏，所以，他不顾旁人的意见，强硬推行新政策，最后仍然招致失败。

为什么他会这么希望自己能够得到认同呢？因为他觉得自己不曾得到他人的赞同。会把这种想法表现在言行举止上的人，其实就是没穿衣服的国王型。

如果一个人持续且确实地做出成果，并且获得大家的肯定，或是有自信的人，是不会因此而自夸的。比方说，获得奥运金牌的人，不会成天到处嚷嚷："我得金牌了！"他们不炫耀，是因为众人肯定了得奖这件事，并且也认可了获得金牌的人。

所以在某种意义上，越是半吊子的人，越会露出希望自己能得到众人认同与肯定的欲望。

没穿衣服的国王型和国王型的名称十分相似，但两种类型

13

的本质却完全不同。如果比较这两种人,国王型的人其实比较危险,因为他们会企图掌控、支配他人。以这点来看,没穿衣服的国王型算是比较无害,他们由于强烈的自恋,总是在传递"快认同我、快肯定我,我可是非常棒的"信息。他们希望被大家认可、希望获得掌声、希望被称赞。换句话说,也就是想展现自己而已。

打个比方来说,这种没穿衣服的国王型,就和孔雀很相似。孔雀开屏往往给人一种"快看我、快看我!"的感觉。但他们并不知道,其实自己已经被人看破手脚。尽管周围的人已经厌烦,觉得:"又来了,又在讲那些事!"但本人绝对不会察觉,仍会滔滔不绝地炫耀个不停。

大家都已经发现他们其实是缺乏自信,说不定还会认为:"那个人在某种程度上来说,其实还满可悲的。"不过,他们连这种事也察觉不到。

三、说话会"骑"人,就是要把你比下去

羡慕、嫉妒型的人,会隐藏起阴险的嫉妒心,缓缓地发动攻击。

不知道大家有没有听过"排名(Mounting)女子"这个日文新名词?

Mounting 的原意为哺乳类动物性交时,一只跨骑在另一只身上的动作,展现动物之间地位的优越性。现在已经引申到职场中,指总是拿周围的人和自己作比较,并觉得自己位居上风的女性。

"我身材比较高,所以比她更适合那件衣服""我男朋友比她男朋友收入还高",借此一较女性之间的高下。

不仅是女性,许多人都会借由和他人比较,来确保自己的地位。我就曾经从某企业负责面试新进员工的主管口中,听过这样的事:

"当来面试的大学生聚在一起时,就会开始分高下。这些人,如果没有把自己排出个高低,似乎就无法安心。

在团体面试时,如果让他们五六个人一组自由讨论,大家就会争第一,一口气向前冲。

但当中仍然会出现跟不上,或是一开始就掉到最后一名的面试者,最后只好失望而归。在规定的 40 分钟内,自由讨论就跟排顺位的斗争没什么两样。

不过,如果你问我为何不录用在斗争中取得第一的学生? 那

是因为人事又没这么简单。所以来年，这个自由讨论的面试项目将被取消。"

像这样，只要几个人聚在一起，便想确认自己在团体中的排名究竟在哪里？如果知道"自己至少比那个人还上面"便感到安心。如果无法排顺位，就无法安下心来。而对于排名在自己上面的人感到羡慕、嫉妒，便是世人的可怕之处。

17 世纪，法国作家拉罗什富科(Francois de La Rochefoucauld)曾经说过："所谓羡慕，就是由于无法容忍他人的幸福所产生的愤怒。"

前阵子，有位日本女演员，在参加女儿幼儿园的入园典礼时，穿了一件 100 万日元以上的套装出席，却被其他家长在背地里说："还真不会看场合。"而这正是一种自觉排在他人下位者，所怀抱的羡慕、嫉妒感。

值得令人深思的是，正如我们可以从"排名女子"这个名词看到的，唯有和他人比较，才能确认自己地位倾向的情况，在女性身上更强烈。

比方说，如果是家庭主妇，经常可以听到以下对话：

"他们家老公，不久之后好像要升部长啰。"

"他们家的小朋友，好像要进那所高中喔。"

"听说他家年收入超过一千万元呢！"

主妇们都想借由丈夫的成就或收入、孩子的学校或成绩等，来获得他人的认同。

如果是男性，只需要依照在社会上的成就或收入，排序便能一目了然。然而,女性靠的不光是自己,连丈夫的社会地位或小孩的学校等,也会影响到排名顺序。

在"排名女子"这个名词诞生的背后,也潜藏着物质世界特有的复杂人际关系。

四、要人伺候，否则大家善后有得受

大少爷型的人，特征就是非常任性，认为大家理所当然都要接受他的要求，以为自己像小孩一样能有求必应。如果是小孩子，也就罢了，但若是大人还有这样的行径，只会让人摇头。

他们在自己的要求不被接受，或是事情无法如愿时，就会攻击他人。而这种攻击，和小孩子一边哭闹着说"买玩具给我"，一边挥打拳脚、耍脾气一样。因为他们认为："我受到特别待遇是理所当然的。""我的要求本来就应该无条件被接受才对。"

这种类型的人假如到餐厅，会觉得自己应该被带到最好的位子；如果去饭店，即使消费金额没有比别人多，也会要求升等住好房间。在职场上，若工作被指出错误，他会突然发起脾气不做事（摆烂），或是采取反抗的态度。

这种人因自尊心太强，所以无法接受旁人的警告或建议。即便是正确的指责或意见，他也会认为"明明都是别人的错""我没有错"，而向外攻击。

他们有非常强烈的自恋及特权意识，之所以出现这样的言行举止，可能是因为在从小到大生长的过程中，无论做任何事，总是能被父母及周围的人所接受。所以，他们不懂得脚踏实地，也很害怕面对挫折。

尤其是他们的母亲，对他们非常姑息且宽容、百依百顺，养成他们即使踏入社会，仍觉得所有人都会听自己的话，甚至非按照自己心意不可。

以我自己的经验来说,很多大医院的第二代继承人,都属于这种类型。

照理说,为了继承医院、成为院长,必须先取得医师执照,所以经营医院的父母,便会想尽各种办法让孩子进入医学院。但如果本人不努力,就算能入学,仍然无法毕业。

也因此,大少爷型的医院富二代,在重考了好几年又留级后,虽然好不容易取得了医师执照,但到一般的医院却毫无用处,只好以未来院长的候补身份,到父母的医院上班。

他们虽然只是新进人员,看门诊时却会心不在焉地迟到。即便这些行为令周围人感到困扰,但他们却觉得"这没什么啊"。比方说,可能只是因为刚好有想看的足球比赛,所以就请假不去门诊了。

五、楚楚可怜地攻击你

或许你会觉得不可思议，但在这个世界上，有些人非常喜欢扮演弱者及受害者。他们喜欢伪装成一种脆弱的存在，除了受到大家的庇护之外，还想对自己讨厌的人发动攻击。而这种人当中，又以女性居多；也可以说，或许她们都想成为"悲情女主角型"。

举例来说，我曾经听过一名担任部长职位的男性，提过这么一件事。

他有一个20多岁的女性部属，在工作时间经常玩手机，再不然就是频繁地去上洗手间等，找借口离开座位，看起来总是心不在焉。就连负责的书面资料，也经常出现低级的基本错误。

于是，部长便将该部属叫到面前，告诫她："是不是应该思考一下自己面对工作的态度？"没想到，她竟然当场哭出来，并说："我觉得自己工作很认真……"

由于哭泣的举动太出乎预料，以致部长什么话都说不出来。尽管如此，部属还是抖着肩膀哭个不停。其他员工都以为部长过分严厉地斥责她，并对此投以责难的眼神。

过了一会儿，另一位女性主管看不下去，便走过来问道："发生什么事？"该女性部属见状，"哇！"的一声，哭得更厉害。这时，在她脑里已经形成一种构图："我是受害者，部长是攻击者，女性主管是可以帮助我的庇护者"。

自从那次之后，这位部长只要传达工作上的指示，她都会做出非常害怕、畏惧的反应,使部长必须小心翼翼地对待她。

之后,部长和该部属之前的主管谈到这件事,没想到前主管却说:"哎呀,她又来了啊!她从以前就是这个样子,只要稍微说她一下,就马上哭,大家还以为我在欺负她。所以后来再也没有人敢跟她说什么,已经是习惯了。每个主管到最后忍无可忍,就会把她调到其他部门。"

这种悲情女主角,会对周围人说的话过度反应,并且表现出一副"我被攻击了,对方太过分,我好受伤"的姿态。她们会露出"我很可怜"的样子,试图吸引同情,并装成受害者。也就是说,她们会借由得到周围的同情心来获得快感。

这种人在平时会酝酿一种阴沉、黯淡的气氛,脸上经常挂着忧郁的表情,如果有人问她"怎么啦?""是不是发生了什么不好的事?",她反而会开心地回答"对啊,其实……",来借机对人吐露心事。但所谓的"心事",通常都是一些抱怨或不满。

然而,就算你听了抱怨,想对她提出意见,她也会反驳"可是……",来展现自己更不幸的姿态,打消旁人给的建议。

她们很喜欢扮演"脆弱的我"以及"我是受害者"。因为,她们认为只要站在这种立场,就能得到关心,并且能永远获得大家的守护。所以,无论你提出什么意见,她们都不会接受。

最麻烦的是,她们会一面不停告诉大家"我很可怜";一面把这当成攻击他人的借口:"我这么可怜,稍微攻击你们一下也没关系吧?"她们会用脆弱让对方无法反击。

六、平常温和,对店员、服务员却很凶

转移目标型的人,会把暗藏在内心的不满与郁闷,搬到不对的出口,并攻击毫不相关的人,借此发泄情绪。

在某巴士公司,负责处理客诉的员工曾经说过这么一件事。一位巴士司机,在每位乘客下车时,都会礼貌地说:"谢谢您的搭乘。"

但是有一次,他却不小心对某位客人漏说了这句话。或许是因为错失时机的关系,乘客当下并没有对司机说什么,但之后却打电话到公司抱怨。

在这通客诉电话中,该乘客花了好几个小时,不断抱怨:"为什么他对其他乘客都有说'谢谢您的搭乘',但偏偏就是不对我说?"

承接这通客诉电话的员工,忍不住说道:"为了这种事,有必要这么生气吗? 我真是无法理解。"

近来,这种莫名其妙、刻意刁难的投诉,比以前增加许多。

巴士司机只是没说"谢谢您的搭乘",乘客就如此激动与愤怒,说穿了,其实这对他来说只不过是一根导火线。

我猜想,这名客诉的乘客一定在别处,也许是在家庭或职场中,累积了大量的挫折感。可能在家里无法获得家人尊敬,也或许在职场中被部属当成傻瓜。这时,再遇到巴士司机没对他说"谢谢您的搭乘",便让他爆发了。

如果在日常生活中,心里没有累积压力的话,即使遇到司机没

有向他道谢,应该也不会打电话到巴士公司客诉,发脾气抱怨好几个小时才对。

这种人会把平时累积的压力和挫败感,发泄在别的地方。

事实上,这类型的中年男子处处可见：在家里,太太不听他说话,也不把他当一回事,不仅如此,甚至还抱怨连连;到了公司,主管又对自己劈头就骂,他们根本没地方可以宣泄压力。

不过,另一方面,这世上也有许多擅长调节压力的人。比方说到居酒屋喝一杯,和朋友说说另一半或主管的坏话,这就是一种舒压方法。虽然抱怨、说坏话是一种十分缺乏生产力的行为,不过对于减轻压力却非常有帮助。

然而,无法妥善处理压力的人,只能把压力转移到比自己弱势的对象上,借由转移目标,发泄出来。

在新闻中,经常可以看到路人遭到暴力攻击的报道,其实这也是同样的道理。像车站站员、便利商店或超市店员,他们无法对客人作出明显的反抗,因此转移目标型的人,就会利用这种优势,攻击他们。

七、受气包熬出头，变身霸凌者

过去有阴影型的人，对他人的攻击方式，就是想让对方体会自己也曾经历过的恐惧。这种阴影，是他曾经被攻击时感受到的恐惧及无力感。

为了克服阴影，他们想出来的办法，就是去找比自己脆弱的人，让他们也遭受自己曾经遭遇的事。

这在精神分析的世界，即是弗洛伊德的女儿安娜·弗洛伊德所说的"与攻击者同化"的机制。例如受虐的孩子，长大后一样会虐待自己的小孩，甚至还会把自己遭受的家庭暴力，以同样的方式对待弱者，这便称为与攻击者同化。

我们在小孩的世界里，同样可以看到这种与攻击者同化的行为。

被欺负的小孩要如何减轻这种痛苦呢？他们会去找比自己更弱小的孩子，欺负他们，来治愈他们被霸凌而受伤的心。

当然，在大人的社会、职场当中，也有这样的人存在。例如在刚进公司时，曾经被上司怒骂："你在搞什么！可别太过分！"一旦职位往上升，他也会和以前的前辈一样，对部属大吼："你这家伙到底在搞什么！"对下面的人，做出和以前的上司完全相同的行为。

无论在任何组织中，都能找到一两个这种人。在公司、政府机关、医院，甚至大学里面都有。

在一部与上班族有关的日本电视连续剧《半泽直树》中，便出现令人印象非常深刻的配角。剧中之人事部次长，每次把部属叫来问话时，都会一直不停地嘭、嘭、嘭敲着桌子，以此发动攻击。当时在综艺节目里，甚至还有人模仿他，成为一时的热门话题。

像这样的人，就是典型的把过去的阴影强压在他人身上的人。他们在年轻时，想必也遇到过会对他们说严厉的话，并嘭、嘭、嘭敲着桌子的上司。

这种人对部属来说很恐怖，不过在某种意义上，他们也算是脆弱的人。因为，他们没办法处理自己被攻击时的无力、恐惧与不安。没办法处理，所以才将矛头指向比自己弱势的人。换个角度想，甚至可以说，他们是可怜人。

不过，尽管如此，我们也不能因此而产生怜悯、同情。如果同情他们，攻击的连锁效应便会无止境地持续下去。

话说回来，欺负与霸凌也是同样的道理。通常会欺负人的小孩，大多也都曾经被人欺负过。他们借由攻击、霸凌别人，来获得报复的快感。最弱小的，就只能一直被欺负，最后在精神上走入绝境。

像这样的事，无论是在职场或学校都层出不穷。攻击是一种从上到下的连锁反应，所以我们必须想办法，来制止这种负面连动。

八、施虐者：亏人、酸人、伤人得到愉悦感

会通过伤害他人来获得快感的，就是施虐者。有施虐倾向的人，会借由伤害他人，看到对方因受伤而哭泣，或是受苦的模样，从中得到某种愉悦感。

现代社会存在着一定比例的虐待狂，喜欢破坏、伤害他人，使他人哭泣。然而，我们无法改变这个事实，因此只能想办法辨别对方是不是施虐者型的人，并尽量避开他。

我们经常在新闻中看到异常的杀人事件，在这些案例中，犯人是施虐者的比例非常高。先不说这么极端的例子，我相信许多人都曾遇到过一种人，他们不光只是嘴巴说，只要情绪一激动起来，甚至还会丢东西、动手动脚，例如一生气就会拍桌子的主管。当他们看到对方的情绪动摇时，就有一种通体舒畅的快感。

我听说朋友的公司里，就有一位疑似有施虐倾向的人。

这位朋友从事销售工作，不过业绩不太理想，每天很晚才回到公司。等到终于可以坐下来时，施虐者型的上司便会装作有事，故意经过他的办公桌，并用力踢他椅子。因为椅子是附有小滚轮的移动型，所以被踢了之后，人并不会翻倒，但冲击力却很强。

"哎呀，抱歉啦。"虽然主管嘴巴上会道歉，但他就是故意的。因为这样的举动，已经重复了非常多次。

朋友告诉我："而且他的眼神非常恐怖，我觉得他看到我露出害怕的表情就很开心。我光想到他的眼神，就觉得好可怕。"

　　还有另外一个例子。有位女性由于婚后发福,变胖不少,丈夫便经常对她说:"太胖了吧?""快去减肥!"她试过许多减重方法,仍不停复胖。

　　某一天,女性的哥哥到妹妹家拜访,当他们一同用餐时,妹夫不停聊到电视上某位肥胖的艺人,并且语带刻薄地批评:"这么胖,又这么丑的人,怎么可以上电视啊?""要不要我干脆写信教他减肥的方法算了!"

　　接着,妹妹便走进厨房洗碗。哥哥悄悄走进厨房,想关心一下妹妹的状况,没想到却看见她脸上笑容尽失,悲伤地低着头,紧紧咬着嘴唇。

　　这时哥哥才发现,原来妹夫只是为了欺负妻子,才批评电视上肥胖的艺人。这令他哑口无言,不知该说什么才好。

第二章

回嘴之前，
要这样看穿攻击者的心态

一、千万不可做出攻击者期望的反应

第一章,我们介绍了 8 种攻击的类型,然而在现实生活当中,如果实际遇到这些人的言语抨击,又该采取什么行动来应对?

如果有人对你说一些过分的话,或是用高高在上的态度藐视你,这时就必须为自己的心灵采取急救措施。

因为会攻击他人的人,总会想确认对方是否真的受到伤害。

比方说,如果对方说了讽刺、挖苦的话,他想看到你为此感到生气或受伤的模样;或是侮辱你之后,想看到你受伤而哭泣、愤怒的样子。

这时,你千万不可做出他们期望的反应,因为这么一来,你就沦为他们的最佳猎物了。

特别是第一章分析的施虐者型,他们抱有想要破坏、伤害他人,让他人伤心、哭泣的欲望,所以绝对不能给他们攻击上的成就感与满足感。

诗人寺山修司曾说:"清醒地愤怒吧!"这实在是一句至理名言。

如果遭受对方攻击,一旦自己也变得情绪化,与对方站上同一个擂台的话,就正中对方下怀了。所以,我们必须冷静、清醒地愤怒,并反击。

总而言之,切勿与对方站上同一个擂台,重点是要保持冷静与清醒。

如果不想成为对方练拳的沙包,你必须有这种心理准备。

二、看攻击者，你要从上往下

如果我们要清醒地回嘴，最重要的是得分析对方为什么会说出这种话。

你必须看清对方的情绪。因此，必须先知道他是属于哪种类型的人。

举例而言，经常说"那件衣服虽然很可爱，可是明年就不会流行了吧"的女性就属于羡慕、嫉妒型。如果会提出不讲理的命令"总而言之，就是要照我说的去做！"的上司便属于国王型。你必须能当场作出这种分析与判断。为了能作出分析，不被状况与攻击制伏，你得冷静地观察对方。

例如在第一章中提过的，向巴士公司提出投诉的转移目标型。事实上，这种类型的人是很寂寞的。如果他的心灵能获得满足，绝对不会花好几个小时，在电话中投诉、抱怨连连。

当你听到对方滔滔不绝的埋怨，或许会觉得自己陷入形势不利的状况，但如果你能够想：这个人不但时间多、闲着没事做，而且还很不幸。心情多少也能变得比较轻松。

也就是说，要勾勒出从制高点向下看对方的格局。

这么一来，说不定你可以说"我了解您的心情，这件事就到此为止吧。是否能容我先处理其他事情呢？"，为这段投诉画上休止符。

由衷感到幸福，并且满足、愉悦的人，是不会去攻击他人的。

只有心灵空虚、心态扭曲变形的人，才会攻击他人。

所以如果有人老是用言语讽刺你，你要告诉自己，那些会这样做的人，都是因为内心无法被满足，很不幸。

要当场分析对方性格，或许是件困难的事，不过如果他是公司同事或身边的人，便能比较容易在日常生活中，观察出他们是属于哪种类型的人。

遭到攻击，首先必须冷静下来思考：这个人为什么会说出这种话？接着，再深呼吸；先吸一大口气，再慢慢把气吐出来。如果想镇定激动的情绪，深呼吸非常有效。

三、画出一条情绪界线，不容攻击者越界

在遭受他人攻击时，千万不要觉得"这一定是我的错""都是我不好"。

会抨击人的，通常都会使用让你有罪恶感的说法，例如，"这都是你的错，就是因为你有不好的地方，所以我才这样骂你，或是这样用力地敲桌子。"但是，这是对方的战略，所以千万不能上当。

当然，如果是自己做错，的确必须反省并加以改进，但请别毫不犹豫地就觉得全都是自己不对。因为对方可能是因为欲求不满，或是压力太大，把情绪发泄在你身上而已。

在面对有攻击性格的人时，重要的是在对方与自己之间，画一条分界线。

我们在第一章提过的悲情女主角型，他们会装弱者，嘴巴上说"我真的很可怜""因为我很惨，因为我是弱者"之类的话去攻击他人，甚至觉得这样做，大家就会宽容他。如果遇到这种人，切记千万别陷入他们的情绪之中。

请告诉自己："你的情绪和我的情绪是两码事。我和你是两个不同的个体。"一定要明确画出与对方之间的界线。

举例来说，对方因为愤怒而张牙舞爪，激动地怒吼；或是流下大颗大颗的眼泪，以一种悲哀、仿佛是受害者的表情，向你诉求；又或是刻意经过你身边，像随手丢垃圾一样，吐出讽刺的话后扬长

离去。

　　无论他们如何愤怒、发狂地吼叫，或是怎样哭天喊地，甚至说出非常恶毒的话，这些攻击在侵入你的内心之前，都要让它们在空气中消失。

　　你得让自己笼罩在强力的保护罩底下，接着，就可以冷静地从制高点，向下观看对方。

　　这么一来，攻击者的情绪，便会是只属于他们自己的东西。同时也请别忘记，你的情绪始终也只属于你自己。

四、不论如何你都要正视对方，让他知道你不逃避

尽管前面说了这么多，但实际在遭受他人的言语暴力时，不少人还是无法保持冷静与清醒，往往会因惊吓而当场愣住。也许在当下，身体会做出自然反应——脸上浮现"我受伤了"的表情，什么话也说不出来，有人甚至还会哭泣。

对方可能因为你的反应而小看你，也会得寸进尺地认为"你以为哭就没事了吗"？

经常有人向我咨询这类问题，他们问我："当自己遭到他人攻击时，该怎么做才能克制情绪？"我反而认为，遇到这种状况，最好不要压抑自己的情绪，让它发泄出来比较好。

因为，被逼到悬崖边的人，一开始是不会把情绪爆发出来的。他们表面上看不出情绪，只会没表情地垂着头。但如此累积下来，在过了一段时间后，便会逐渐对身体产生影响，甚至使人病倒。不表现情绪，便会失去情感的出口。

寺山修司曾在著作中写道："愤怒就像一种排泄物，如果在肚子里囤积到一定的量时，无论如何都必须把它排出来。"

如果你没办法克制情绪，请慢慢地、一点一点地向外丢吧。

当你表现出情绪时，或许会觉得"这下子对方就会瞧不起我了"。但是，尽管在这种时候，你也必须抬头挺胸，勇敢正视他。

即使哭泣，也必须看着对方的脸。尽管全身僵硬，什么话都说不出来，还是要凝视对方的眼睛。你要表现出"就凭这几句话，我

是不会怕你"的态度。

当心情平静下来后，就可以用第三章介绍的话来反驳对方。

重点是，无论对方如何讥讽你，都要告诉自己："我现在就是在积累经验值。""今天他又让我积累了一次经验值。如果我积累到100次，就无敌了。"

反过来说，没有这种经验的人，相对也比较脆弱。

五、只要忍耐，总有一天会变好——别傻了

对于那些会攻击、迫害他人，怀抱恶意，甚至情绪异常的人，你根本不必觉得"希望能让他喜欢"或是"希望能被他认同、肯定"。尽管这明明就是一件理所当然的事，但事实上，许多人都无法舍弃"希望能被大家认为是好人"的欲望。

当然，如果对方的言行举止都很得体，且非常有礼，那么我们也理当给予相对妥善的应对方式和态度。但是，对于不讲理的上司，或总是用没什么大不了的语气伤害你的朋友，没必要以和善的方式对待他们。

在内心深处，你是否坚持着一定要让所有人都喜欢你、认为你是好人，因此觉得无论是谁，都要很亲切地对待呢？你是否对可能会被他人讨厌，被众人排斥，感到不安、害怕？

事实上，许多人就是因为有这些不安，才采取谦卑的态度。比方说，就算被他人欺侮，也笑眯眯的，甚至认为只要忍耐，总有一天对方的态度就会改善。

但是，现实并非如此。意大利政治思想家马基雅弗利，曾在《论李维》中提到："根据不同的场合与状况，有时候伪装成其他人格，何尝不是一件明智之举。"

也就是说，我们并不需要永远都当一个好人，有时候，暂时变成另一种人格，才是比较聪明的举动。

对于会伤害自己的人，你没必要当好人。我甚至必须说，别当

好人当过头。如果有些人攻击你、讽刺你，甚至看到你痛苦的样子，还会觉得愉快，你还奢望这种人觉得你是好人吗？

六、越想当好人，越先遭到毁灭

人常说要有谦虚的美德，但是，别期待自己谦卑的态度，或是有礼的应对，能使对方有所改变。在社会上，有些人确实是无法用"性善论"去解释他们的言行举止。

马基雅弗利曾说："一个人如果相信只要保持着谦让的美德，就能战胜对方的妄自尊大，那么他必定会落入犯错的陷阱之中。"

请不要认为，只要有谦让的美德，就能击败那些会攻击别人的人。

如果你觉得谦让能使对方改变的话，自己反而会先遭到毁灭。比方说，施虐者型的人，会对那些毫不抵抗，甚至不回嘴的好人，伺机发动攻击。

对任何人都友善、亲切的老好人，越有可能被当成攻击的目标。我再强调一次，性善论不适用于某些人身上。

在我的患者当中，有些人就具有相当的攻击性。他们认为自己是患者，所以无论做什么都能被原谅，因此在住院期间对看护人员性骚扰，或是口出恶言，有的甚至还会动手动脚、施暴。即便遇到这种状况，我仍会以医师的身份，明白告诉他们："请停止这种行为。"

过去，某位患者曾在住院期间多次性骚扰医护人员、发生言语暴力等行为，而遭到强制出院，出院后又因身体状况不佳，常叫救护车。让人惊讶的是，当救护车抵达时，他竟然愤怒吼叫"这么慢!",并且殴打急救人员。最后,该患者以伤害罪遭到逮捕。

正因为有这些案例,所以当我们遇到这种状况时,更需要采取毅然的态度才行。

七、用多重人格生活，你的个性棱角会变圆

个性是一个人的本质，无法改变太多。如果不碰到生死攸关的决定性事件，就像"江山易改，本性难移"这句话一样，是很难改变的。

但是，人却可以改变自己在别人眼中的模样。

我希望大家不要忘记前面提到的马基雅弗利说的那句话："根据不同的场合与状况，有时候伪装成其他人格，何尝不是一件明智之举。"

尽管人的本质无法改变，却能伪装成其他人格。

话说回来，我们无论任何人，在某种意义上，都可以说是拥有多重人格。不管是谁，在一个人面前，会伪装成某种人格；在另一个人面前，又伪装成另一种人格。

在公司是一种人格，和朋友相处、在家人面前，又会有不一样的人格，每种皆有所不同。例如，在部属面前摆足架子的中年男子，回到家却必须低声下气地讨老婆欢心。这种例子并不算少见。

人类就是这样，在日常生活中会分别使用好几种不同的人格。请对这样的事实保持肯定的态度，也就是说，请以超多重人格生活。

所谓多重人格，是指有几种人格以三角形或六角形等形式存在，所以棱角会很显眼。但相对地，如果是超多重人格，由于棱角

非常多，整体形状便会趋近于圆形。这么一来，棱角便不再显眼。

你绝对没有必要总是要当个好人。所以，请根据对方的言行举止、态度，改变自己对外呈现的样貌。

八、是恶意攻击,还是好意指教,你的身体知道

我们必须了解,有些指责并非出自恶意,而是因为对方真心为你着想,才出言训诫。所以,有人是为了你好才开口指责,只是他的说法比较严厉,我们必须分辨出其中的不同。

在企业组织中,也有些人会说:"我是因为对你有所期待,所以才骂你。"这种人究竟是心存大爱,真心想栽培你,还是单纯因为个人私心,出言谩骂?

当他人对我们说严厉的话时,究竟该如何分辨那是恶意的攻击,还是应该真心接受、有价值的指教?

这时,请感受自己的心灵与身体。因为,人的身心会产生自然反应,你只要仔细观察就好。

假设有人非常严厉地批评你说:"我都是为了你好,才对你说这些话。"但是,如果你的身体感觉疲倦,心灵也陷入极度沮丧的低潮,那么我建议你把这批评视为恶意的攻击。因为心灵和身体,就是我们最好的测试机。

一位女性友人的丈夫,每次只要和公司前辈喝酒,必定发酒疯。那位前辈的口头禅是:"你是我提拔上来的,我是为了你好,才跟你说这些……"前辈就是使用"为你好"这块遮羞布,以恩人自居的态度发动攻击。所以,友人的丈夫只要和前辈一起喝酒,必定发酒疯。直到某一天,这位先生自己意识到这个状况,从此再也不和前辈喝酒了。

到此为止,我们讨论了面对言语攻击,及发动反击时的事前心理准备。在第三章,我们就要进入实践的步骤了。

回嘴的艺术:
不搏斗,让对方的袭击落空

本书提供的反击方式，并不是教大家如何与攻击你的人，站在同一个擂台搏斗；而是教你如何一面保护自己；一面让对方的袭击落空，让你能平息紧张亢奋的情绪，并让同样的状况不会再度发生。

为了达成目标，你必须聪明地回嘴。换句话说，你并非得学会争赢的方法，而是学会不吵架，也不让对方找你吵的成熟回嘴技巧。

我相信在第一章中，在针对不同的攻击者类型进行分析后，大家已经了解这些人的心态。也就是说，无论是严厉的批评、挑拨的言语，还是乍看友善的斥责……，在这些背后，都隐藏着许多情绪或背景。

即使遇到不同的对象，或是状况改变，又或是攻击性言语的内容不一样，但回嘴技巧仍然不变。

我把这些技巧分为 7 种。根据各种不同的状况，都有可使用的反击"台词"。无论对付怎样的攻击，当中的技巧必定能派上用场。

一、狠狠戳他，抢先把他的话说出来

喜欢说讽刺、挖苦人的话，或是炫耀，在这些人的话语背后，其实隐藏着恐惧或羡慕，又或是蕴含想站在优越位置上的心理。对付这种心态的有效方法，就是反过来利用它。

比方说，你可以按对方说的话，照本宣科复诵一次。如果他说："你头脑真是不好。"你可以说："你说'头脑不好'是什么意思？"

或是刻意地过度称赞对方，抢先一步把他的话说出来，展现出"我完全懂你的感受"。

对付这种人，要像拿出一面镜子照着他一样，告诉他："你抱着这种想法，不觉得羞耻吗？"让他意识到反映在镜子里的自己，并感到惭愧。

照本宣科复诵：

　　"你说××是什么意思？"

过度称赞：

　　"你还真行啊！"

抢先一步：

　　"我知道，那件事情就是那样嘛！"

表面上赞同：

　　"正如你说的，所以呢？"

二、引入到另一个话题，别认真搭理他

当你想逃离让人火冒三丈的话、挑衅的言语或是无意义的毁谤等，这些令人不悦的对话时，最好的方法不是认真搭理，而是把对话诱导到别的话题上。

"说到这，对了……"像这样，自然地打断对话的流向，即使前言不搭后语，也要开始说些不相干的话，或是自己想说的。

这时，如果对方摆出高姿态，你也可以试着聊聊当天的新闻或天气等安全的家常闲话。如果是友人或同事，可以聊聊休闲嗜好或是电视节目等活泼的话题，如此便能顺利转移对话的焦点。

当明明你什么也没做，对方却用负面话题打造擂台时，千万别站上去。借由把话题引导到其他方向，就能让自己既亲切又有礼貌地将对方从擂台上请下来了。

前言不搭后语：

　　"对了，今天早上的新闻……"

说自己想说的：

　　"说到这，你有看过那部电影吗？"

三、这么对付长辈、上级的不正当谴责

转移目标型或是过去有阴影型的人，会对人发动毫无根据且不讲理的攻击。而羡慕、嫉妒型或悲情女主角型的人，则会说一些光听就让人觉得沉重，令人浑身不舒服的抱怨或坏话。

话说回来，这些都是不正当的谴责，或是答非所问的废话。因此，除了让自己避开矛头以外，也没有其他的应对方式。

你可以说："你跟我说这些，我也不能怎么样！"制造一面阻挡矛的盾牌，以毅然的态度，拒绝被当作攻击的目标；或是直接离开，让对话结束。

如果是无法避开的对象，像是长辈、上级，有时候刻意称赞对方很有效。毕竟没有人讨厌听到赞美，而且一旦听到有人夸赞自己，也会无法再去攻击对方。

这种人因为心存某种不满，所以想攻击他人。因此，你只要称赞他，让他自尊心获得满足，以此消解心中的不平就行了。

制造一面盾牌：

　　"你跟我说这些，我也不能怎么样！"

直接结束话题：

　　"我可以走了吗？"

刻意称赞：

　　"比起这个，我觉得你那件衣服真好看！"

四、对付激动的、大声的人，这样化解刁难

会刁难他人的，基本上都是非常不幸且内心寂寞的人。

对付这种人，你可以拉大格局，心想：这个人其实很可怜。保持冷静向下看的心情，采取明智的应对。

例如，对于非常激动、正在大吼大叫的人，你可以在冷静观察后发表感想："请冷静一下。""你现在越扯越远了……""你讲太快了，可以麻烦慢一点，再讲一次吗？"

对于令人不愉快的发言，你也可以故弄玄虚，幽默地回答："你的意见还真是有趣。"

或是使用一些手势及动作，巧妙带过话题。你也可以什么都不回答，只是张大眼睛、耸耸肩，露出淡定的微笑来回复。借由这些举动，展现出就算受到攻击，也毫发无损的姿态。

如果你可以拉大格局，观看整个局势，就能避免与正在向前冲的对方正面冲突，也能使场面平静下来。

冷静观察后发表感想：
　　"你冷静一点吧！"
　　"你讲太快了，可以麻烦再说一次吗？"
幽默地回答：
　　"你的意见还真是有意思（或真有趣）。"
手势或动作：
　　张大眼睛、耸耸肩、面带微笑。

五、放大音量，让周围的人站在你这边

所谓攻击，就是在加害者与受害者之间发生的一种行为。如果加害者觉得其他人都没有在看，攻击便会愈演愈烈，无法煞车，而受害者只会越来越痛苦。

当遇到这种状况时，你得把周围的人都牵扯进来。

举例来说，你可以用大家都能听到的音量说："你这样真的很失礼！""实在是太过分了！"这么一来，在密闭空间里的攻击，会瞬间成为众所周知的事实。一旦曝光在众人眼前，对方也无法使出什么卑劣的手段。

但如果这么做对方仍不收手的话，可以搬出一些会让他害怕、恐惧的对象，并告诉他："我明白了。我会向××报告你现在说的话。""我会和老板商量。"如果对方太过分的话，请记得别试图一个人去解决问题。

大声让周围的人都听到：

"你这样实在是太失礼了。"

"真是过分！"

搬出会让对方恐惧的存在：

"这件事我已经和××讨论过，已经决定好了。"

六、你先放下武器，警示对方别再挖苦

许多人在回嘴时，都会不小心犯下一个错误：当对方用言语发动攻击时，你也拿出同样的武器来应战。

如果对方说非常过分的话，而你也说难听的话回应，这么一来，场面就会变成永无止境的口头争执，而争论状态也无法结束。

这时，你可以向对方表示："我并没有打算要攻击你。"自己先放下武器，这也是一种值得尝试的方法。

具体而言，可以直接说："我真的很受伤。"进一步表示："我并不想讨厌你，所以希望你不要说这种话。"如果能这么说，我相信无论对方再过分，都会涌上惭愧的念头。

其实在这世上，碰到毫无防备的人，仍是死缠烂打、紧抓不放、持续抨击的人，并没有这么多。如果真有这种人，那他就是不折不扣的虐待狂，这时请告诉自己"这种人真是无药可救"，并以一种怜悯的心态看待他吧。

直接而明确地表达情绪：

"你说的话让我很受伤。"

充满慈悲心：

"我实在不想讨厌你，所以请你不要说那种话。"

七、你口气不痛不痒,对方看好戏心态落空

喜欢攻击别人的人,都期待看到对方受伤,或是愤怒的模样。也就是说,他们抱着"希望你变得不幸"的想法。

在这个时候,最好的方法就是用言语或态度表示:"就凭你这句话,我根本不痛不痒,一点也不在意。所以,我完全不想理你,这种攻击并不会威胁到我的幸福。"

就算有人对你说无理或讽刺的话,你也要笑得像阳光一样灿烂,并转移话题。或是说"嗯嗯""是噢",以若无其事的表情带过。

如果对方爬到你头上,就以一种"这种上下关系,我根本不在乎"的态度来回应。

如此,若应对方式背离对方的期待,便能使其抨击变得毫无价值。

露出灿烂的笑容:

"下次要一起出去玩吗?"

以若无其事的表情带过:

"嗯嗯。"

"是噢。"

跳脱上下顺序或排名:

"我很幸福。"

第四章

职场言语暴力，
要反击，又不能坏了关系

职场上的同事、主管，乍看之下阶层分明，但其实是一种非常不确定的人际关系。这么说是因为，同事虽然一起工作，但也是相互竞争的对手。

因此，就算平常并没有特别的比较心态，仍会潜在地感受到同事之间，近乎竞争意识的心理。而这种意识，如果因为某些契机而显露出来，便会成为恶毒的言语攻击。

另外，更不用说那些出自主管口中，伪装成教育或指导的言语暴力了，我相信许多人都曾深受其害。

有的主管会以过分恶毒的话斥责部属；有的则企图掌控部属；有的则会长时间让部属站在自己面前，滔滔不绝地说教……这些对部属的"教导"，其实都已经超过应有的范围了。

但正因为主管对部属是上对下的立场，虽然让人最想反击，却又无法回嘴。只是，如果因为这些事而受伤、丧失自信，导致自己无法工作，实在是得不偿失。

那么，我们究竟该如何四两拨千斤地应付这些攻击，并在交手之后，仍然能在职场上维持愉快、舒适的防守位置呢？

一、话中带刺，你就一字不漏回问

无论在什么地方，都有说话尖酸刻薄的人。

这种人在说完刻薄的话后，会露出优哉游哉的表情，看起来很愉悦，但听者却觉得胸口像被人深深刺了一刀，无法轻易忘怀。

30 多岁的 A 小姐，来我门诊求诊，她就是因为同事总是话中带刺，让她对职场上的人际关系感到相当困扰。

A 小姐的个性中规中矩，对于工作细节也会仔细确认。有一天，当她在检查文件时，同事从她身后走过，并丢下一句："你还真是仔细，像你这种人就叫作吃饱太闲没事干。"

A 小姐对同事说的话感到十分震惊，当下什么也说不出来。其实，该同事做事很马虎，负责的资料总有一大堆错字或漏字，据说经常遭到主管警告。

A 小姐为此感到十分不甘心：为什么我要被那种人这样说呢？事实上，隐藏在这些酸言酸语、话中带刺背后的，是一种羡慕的心态。同事说"你还真是仔细"，想必是对 A 小姐细心的工作态度感到羡慕。因为她知道，这是她自己做不到的事。她嫉妒这样的人，并伸出攻击的爪牙——这正是我们在第一章中提到的羡慕、嫉妒型。

除此之外，在行为背后还有另一种心态，也就是自恋心理。她借由这句贬低对方的话"吃饱太闲"，企图让自己占有优势。

而且，她可能还会暗自期待，期望借这句讽刺的话，让 A 小姐失去自信，无法好好继续工作，如此她就能获得比对方更高的评价。所以，这种行为还包含了利益得失的考虑在内。这种人误以为，只要贬低对方，就可以提升自己的价值。

当你面对这种酸言酸语，最好的反击方法就是照本宣科地复诵对方的话。也就是，照对方说的，一字不漏地重复一次。如果对方说："你怎么这么闲？"那就回他："你说'你怎么这么闲'是什么意思呢？"像这样，反问对方的话，借此表达"你说这种侮辱人的话，对我实在非常失礼"。

这么一来，对方也会因为你的反应出乎意料，而感到困惑。如果遇到有人反问，他们当下根本答不出来。毕竟这些没什么内容或思想的话，完全出自于嫉妒与偏见的心态。

照本宣科的作战方式，对所有令人不悦的话都相当有效。

把对方说的，一字不漏地重复。

如果上司对你说："毕竟你也不年轻了嘛！"你可以反问他："你说'毕竟你也不年轻了'是什么意思呢？"如果女性友人说："你怎么会买那种衣服啊？"你可以反问她："你说'那种衣服'是什么意思呢？"

像这样，只要把对方说的，一字不漏地重复，反问对方是什么意思就可以了。

回嘴最重要的，就是必须直视对方的眼睛，冷静提出反问。如果可以面带微笑，以一种悠然的态度说出来，效果会更好。

或是你可以用一种不了解的表情问他："我真的不知道那是什么意思，可以麻烦你告诉我吗？"这么做，便能以掺杂着幽默感的方式揶揄对方。同时也能表现出,比起会说这种无聊话的你,我可是道高一尺,魔高一丈。

请在心中告诉自己:"我很清楚,反正你就是羡慕我,又嫉妒我。"

| 用这招! | "你说××是什么意思呢?" |

二、对付偏见，用一句话让他泄气

在职场中，偏见几乎弥漫在所有组织当中，破坏着人与人之间的关系。"我运气这么不好，那家伙却老是可以得到好处……""我的实力分明比较强，为什么主管比较喜欢那个人？"

20多岁的B小姐在公司担任销售。她的业绩还算不错，却有个烦恼。同部门的男性前辈，总是对她说带有偏见的讽刺话语，让她相当苦恼。"像你就可以用女性的身份当作武器，还真令人羡慕啊。""年轻女生就是比较占便宜。"

这些话让B小姐十分气愤，因为工作上的成绩，明明是自己努力得来的。虽然前辈并不会妨碍她工作，但这种带刺的话令她感到很不愉快，甚至让她有时想到要去上班，就非常忧郁。

如果有人只因为你是女性就说"女人就是能占便宜"，我相信许多女性都会为此感到气愤。

虽然生气，不过我认为B小姐大可安心，因为会说这种话的男性，其实是打从心底羡慕你的。B小姐的业绩很好，因此获得主管的肯定，这实在让前辈羡慕得不得了。这种人见不得别人好，同样是抱着羡慕的心态。

但是，作为一个男人，又是前辈，他不想去认同或肯定B小姐的能力及努力。因为这么做，等于是承认自己比不上人家。

"因为你年轻嘛！"

"因为你是女生啊！"

"你只是运气比较好而已。"

他说这些话，就是想把对方付出的努力和价值全都抹掉；这么做，只是为了保全他的自尊。

遇到这种人，应该采取什么应对方式才好？我认为可以用以下淡然的一句话来解决。

"是噢，原来如此。"

"呵呵。"

用四两拨千斤的方法来无视他说的话。你不痛不痒，他就攻击不下去。

无论在什么状况下，发动攻击的人，必定都期待看到对方受伤的模样。如果你对这些挑衅，只是淡然地回应短短一句让人泄气的话，像"是噢""噢噢"、"嗯嗯""是吗?"，便能表现出"我对你的话完全不在意"的态度。

你也可以什么都不说，只以动作或手势来表达，例如张大眼睛、耸耸肩，摆出一副"所以呢?"的表情，也是一个好方法。

你也能用一种"是噢"的表情，露出满足的笑容看着对方，这也不失为一种聪明的调侃法。这么一来，对方无法得到他预计的反应，期待便会落空。

就算有人说令你不舒服的话，也不需要感到生气，这只是白费力气。日文中有句俗语说："有钱人不与他人争吵。"就是说，拥有许多财富或资源的人，没必要和他人起争执。

在这个例子中，B小姐就是有钱人。在现实中，她是属于胜利的一方，因此他人说什么，都无须放在心上。

用这招！

"是噢。"
（以动作或手势巧妙带过）

三、听到自恋式的带刺酸话，就赞他两句吧！

不管在哪个领域，难免有敌人存在。但有时候，明明你什么都没做，还是会有人莫名其妙对你产生敌对意识，想表现出"我比你厉害！"，并与你一较高下。尽管你觉得莫名其妙，但还是会因此感到心里怪怪的、不舒服。

一位 20 多岁的男性，在公司有个与他同期的同事，经常刻意向他展现出"我很忙"的样子，让他觉得心烦。

"今天我在公司看到日出了！"（意思是在公司熬夜）

"唉，我最近都没吃到老婆煮的饭。"（意思是回家时间晚得只能睡觉）

这些发言，其实都隐含着以下意思：

"上面可是指派了很多工作给我！"

"我是很有能力的，不过你看起来倒是蛮闲的嘛。"

你也可以无视这种人，但同事对自己有如此扭曲的敌对意识，实在令人受不了。

这种敌对意识，明显来自自恋心态。他想站在比周围人更具优势的位置，才会拐弯抹角地炫耀自己。

遇到这种人，只要把他当作是我们在第一章中介绍的，没穿衣服的国王型缩小版来看待就好。以不同的角度来看，你会发现他们其实还满可爱的，所以只要坦率称赞他："你好像很忙呢，实在是太辛苦了！"如此一来，便能完美解决这个问题。

对于自恋的人，不管三七二十一，总之就是称赞他，此举非常有效。为什么呢？

对方故意表现出很忙碌的样子，就是希望看到你沉默不语、生气焦躁，或是其他形式的沮丧反应，但你却没有符合他的期待，也就是说，你让他知道他的攻击，对你是没用的。

除此之外，你不但没有沮丧，甚至还以一种满不在乎的语气称赞他，这会让他有一种竹篮打水一场空的感觉，而自乱阵脚。

也就是说，回嘴的基本原则，就是不要作出对方期待的反应。

如果能依照这个原则，多练习几次，对方也会开始发现，无论他说什么，都不会对你造成任何威胁，渐渐地，也不会再来向你装忙。

"那么忙真是辛苦啊！"

"你真的很活跃呢！"

"我们都靠你了！"

借由称赞对方，来让他无从攻击。

用这招！ "你好像很忙，实在是太辛苦了！"

四、"你连这个都不知道?"你怎么回应?

没有什么事,比狗眼看人低还让人火大。"你实在是什么都不懂。""你是白痴吗?"说这种话的人,会摆出一副仿佛自己什么都会、什么都知道的姿态,让人十分恼火。

对这种人,应该采取什么方式来应对呢?

一位 20 多岁的男性,在公司老是遭到一位 40 多岁的男同事以高压姿态对待,让他每天都活在痛苦当中。

比方说,两个人在交谈时,如果年轻男性询问:"那是什么?"中年同事便会立刻用一种受不了的口气说:"什么? 你都出社会多少年了,竟然连这种事都不知道? 全世界的人都知道!"

的确,年纪较长,确实懂得比较多,但并不需要用一种把对方当白痴的语气说话。

这个中年同事总是表现得自己比对方优秀,也就是自恋。虽然爱表现和自恋,感觉是两回事,但不管是谁,或多或少都有点自恋情结。

然而,仔细思考就能明白,中年同事实际上是处于相当不堪的立场。因为,他虽然年纪比较大,但并非年轻男性的主管或上司,只是同事。以守备位置而言,他在面对年轻人时,并无法站在较有优势的位置。

如果地位稳固,且能力上也有明显的差异,能让对方感受到"我的确比你高一阶"的话,也没必要刻意夸示自己有多厉害了。

越是半吊子的人，越想要炫耀，或是狗眼看人低。我们不妨想想，为什么该同事一把年纪了，却没有升职呢？

想必他总是用"你懂我在说什么吗？"的态度，让大家都对他反感，没办法建立良好的人际关系。换句话说，就是他喜欢与他人对抗，且给自己树立了许多敌人。

如果你认真看待这种人说的话，就太吃亏了。请用前言不搭后语的回应方式，让他丈二的和尚摸不着头脑。用完全不同的话题，转移他的注意力。

比方说，当遇到老是话中带刺的中年同事、住家附近的啰唆大婶这种麻烦人物时，就可以回应说："对了，今天的天气……""天气预报明明说今天会下雨的……"用一些风马牛不相及的话题，让对方无法再继续说下去。

如果当时电视新闻正好在报道樱花，也能用"对了，最近樱花终于开了"来扯开话题。总而言之，打乱对方任性、自私的步调，以自己的节奏说话。

用这招！ "对了，今天早上的新闻说……"

五、楚楚可怜的攻击者，不回应，她就没招

我相信无论在任何职场中，都有一种人会让你觉得："唉，就是因为有他，让我好讨厌上班。"

这种人会散播出不愉快的氛围。如果遇到这种类型的人，应该采取什么应对措施才好？

我遇到过一位只要一想到上班，就会感到非常忧郁的女性。

因为坐在她附近的同事，会在工作时说客户坏话，有时还会发出不耐烦的"啧"声，甚至大声叹气。光是坐在她附近，心情就很不愉快，没办法认真工作。

这种人属于我们在第一章中介绍的悲情女主角型，她的欲望总是无法得到满足，老觉得自己是世界上最不幸的人，被害意识相当强烈。她会表现出"我很不幸"的状态，企图获得关注，希望大家"快来理我"。

除此之外，她们看到别人幸福快乐的样子，还会因无法容忍而感到愤怒，这种扭曲的情绪，导致她们经常到处抱怨。

由于她们有强烈的嫉妒心，因此只要有人遇到不好的事或灾难，她们便会洋洋得意，认为他人的不幸就像蜂蜜一样甜美。

在面对这种人时，许多人会作出以下的错误反应：

"你怎么啦？"

"是不是发生了什么事？"

也就是表现出担心的样子，来关心对方。

但这么一来，希望大家"快来理我"的人，便会发挥本领，开始一股脑儿的倾吐自己的怨气、烦恼。一旦你被她认为"这个人愿意听我说话，他会同情我"的话，就糟了！

为什么我会这么说呢？因为，要扮演悲情女主角，她必须有观众。请记住，予以理会，你便会被当作适合的观众。

无论对方说什么，都一一给予回应的话，她的负面情绪便会逐渐侵蚀你。所以，请干脆地告诉自己："我无法改变她的负面想法。"首先，你根本没必要改变对方，毕竟是她自己希望成为不幸的人，对这种人说什么都没用。对付她们，最有效的方法就是不理。因此，你可以在心中喃喃自语："如果你想当悲情主角的话，随你。""如果一直叹气的话，可是会短命的。"重点是绝对别理她！

用这招！

（在心中说）
"既然这么想当悲情女主角的话，就随便你吧！"

六、刁难你的，这样回，得让他觉得你更难搞

公司就是一个小型的竞争性社会，有时会让人面临一个不小心便会失去现在地位的严苛局面。现代社会已经是即便正式员工也无法保证安稳的时代。正因如此，职场上才会出现刻意刁难、试图让对方出错，让人遭到降职的恶劣工作者。

20多岁的C小姐，在换工作后，对新公司的人际关系感到十分苦恼。因为，有许多人在背后说她坏话，使她在公司被孤立。

如果遇到不懂的事去请教同事，对方只会丢下一句："自己查！"如果留在公司加班的话，还会有人说："你就这么想要加班费吗？"因此，她每天都在问自己，究竟该怎么做才对。

在公司会被刻意刁难，同时也代表了你很能干、能力很强。

那些攻击C小姐的同事，可能是看到她很能干，因此而感到不安，害怕自己的地位将被取代，才会用各种小动作来欺负她。

这些人觉得只要攻击C小姐，让她因此受不了而辞职，自己在公司就能长保安稳。也就是说，他们一方面羡慕C小姐的工作能力很强；另一方面又相信，只要欺负她，自己就能得到好处。

如果你是很内向，或是不敢回嘴的人，很容易被这种人当作攻击目标。所以，不管怎样，一定要说些话来反击。虽然这可能会引发为争执，不过对付他们，最好的方法就是："你要来找我吵架，我就奉陪。"

比方说，如果对方说："不会自己查吗？"这时请不要摸摸鼻子，

默默撤退，而是把话丢回去："就是因为不会，所以我才问你。"

若对方说："你就这么想要加班费吗?"请冷静回嘴："我并不是因为这种理由才加班的。"

或是有人说："哎呀，毕竟是女人嘛，一定很快就会离职了。"你要肯定且清楚地告诉对方："我会一直做下去。"

无论对方怎么说你，都要抬头挺胸地反击。如果一时之间不知道该说什么，可以使用照本宣科法，反问对方："你说的'加班费'是什么意思?""'毕竟是女人嘛'，这句话指的是什么?"

提出反驳后，别立刻逃离现场，反而要继续待在原地。重点是显示出强硬的态度，告诉对方："无论你说什么，我都不会动摇，也不会辞职。"这么一来，渐渐地，对方也会觉得"这个人还真难搞"，之后便不会再把你当成攻击的目标了。

没错，让对方觉得你是个难搞的人，是最有效的反击方式。

用这招!　你来找我吵架，我就奉陪，让你觉得我很难搞。

七、对付伪装成说教的谩骂，先赞成再回问

我相信不少人都很喜欢自己的工作，但就是觉得主管很讨厌。

在我的病人中，有一位的主管就经常对他说教："不要因为你是好大学毕业的，就得意忘形！""工作重要的不是学历，而是经验与直觉。"

看起来，主管大概对自己的学历感到自卑。换句话说，他对年轻部属的学历羡慕得不得了。

又或是，他过去在升迁的竞争上，曾经被学历比较好的人超前。因为有过这种辛酸体验，而感到相当不快。因此，他便对无辜的部属乱发脾气。我们可以将这种人归类为过去有阴影型。

不管怎么说，这种主管都只是在一人角力，往往徒劳无功。对这种没内容的说教或是谩骂，我们该如何回嘴呢？

毕竟面对主管，我们没办法直接反抗，所以遇到这种状况时，可以采取表面上赞同的方法。你可以礼貌地说："没错，您说得很有道理。"同意对方的论调后，再恭敬地反问："所以是哪里有问题呢？"

这么一来，便能让主管有出乎意料的感觉。毕竟你已经先同意他的话，所以他也无从生气，况且他只是心存着毫无根据的偏见，所以当你问他是哪里有问题，他也回答不出来。

用这招！ "您说得很有道理。所以是哪里有问题呢？"

八、没同情心的关心,一句话堵死他的臭嘴

在职场上,有许多不了解女性纤细心思的主管,很多事不该说出口,但他们却不明白其中道理。

30 多岁的已婚女性 H,曾被主管问道:"怎么还不生小孩?"据说这个主管会若无其事地问未婚女性:"还不结婚吗?"如果对方已经结婚的话,则改问:"怎么还不生小孩?"

H 小姐觉得,被人问这种问题,感觉像被贴上一种"女人就应该要结婚、生子"的刻板标签,让人很不舒服。

这种缺乏同情心的上司,又分成两种类型。

第一种,就是他真的非常迟钝;另一种,则是假装迟钝。

如果对方是真的迟钝,实在也没有什么应对方法,你只能用怜悯的眼神看着他,并告诉自己:"唉,我们是两个世界的人,不会有互相了解的一天。"

若是另外一种,也就是假装迟钝的人,他们的目的就是想让你感到困扰与难堪。

换句话说,这种主管其实心怀恶意,会故意说一些缺乏同理心的话。当他看到你困窘的样子,就会很开心。在这世上,的确有人对于奇怪的事会获得快感,或许也可以把他们归类为施虐者的其中一种。

他们期待看到对方尴尬,或是困扰的模样,因此会刻意说些没礼貌的话。如果你遇到这种人,也只能与对方保持距离。

　　但如果觉得保持沉默实在太不甘心,回嘴时,便需要一点幽默感了。

　　举例来说,如果对方问你:"怎么还不生小孩啊?"你可以这么说:"那为了怀孕,我可以在准备怀孕期间请假吗?"

　　重点就是要拉大格局,站在比对方高一阶的位置去回应对方。你不需要正面回答他的问题,反而可以说:"您的意见真有趣,我会把这个问题写在今天的日记里。"让对方摸不着头脑。对于没礼貌的发言,可以用"真有趣"这种并无恶意的话来回应,让对方感到不知所措。

　　也就是说,对于这类言语攻击,你要一面过招,一面用幽默感将他一军。

　　说到这里,我想起过去在电视节目上当特别来宾时,遇到同样参加节目录影的一位女性艺人,她的幽默感便让我相当佩服。

　　当时主持人问她:"××小姐,你怎么还不结婚呢? 一定常常有人问你这个问题吧?"她的回答是:"哎呀,应该没有人想娶杂志内页的人当新娘吧!"这位经常出现在男性杂志的写真女星,反应还真快。

用这招! "这个意见还真有趣!"

九、爱提当年勇，你的反应得抢先一步

光是听朋友不停炫耀，就让人觉得够无聊了，如果你的主管还是成天爱炫耀的人，真的会让人不想去上班。

有位 30 多岁的男主管，非常优秀且获得特别的拔擢、升迁。虽然他工作能力很强，但就是很爱炫耀。

"到现在为止，还没有人可以超越我的销售业绩呢！"据说他会定期，而且是在没有酒精助力的状态下，卖弄起自己的当年勇。

由于他每次都会找那些看起来很闲的部属，对他们夸耀自己的丰功伟绩，所以只要大家发现"他又要开始了！"，就会装忙。如果不幸被逮到，有人甚至会借口："我有外务，得出去一下。"而这种主管，就是非常典型的没穿衣服国王型。像这种自恋的人，自尊心非常强。所以，在对付他们时，一不小心可能会引发相当严重的后果。

其实遇到这种人，我都很想告诉他："真正有能力的人，是不会自己到处炫耀的。"不过如果这么说，可能会让他非常愤怒，甚至把你降职。所以在现实生活中，最保险的方法，便是拼命称赞。

"您真的好厉害喔！""原来是这样啊！"用这些话夸赞他。虽然有人觉得这样捧人实在太辛苦，但只要附和一两句，上司就不会下一些令你困扰的指令（例如降职、刁难）。

不过，一旦受人称赞，不难想象，这种人可能会因此志得意满起来，把英勇事迹拿出来讲个没完。如果演变成这种状况，我建议大家可以试着把对方要说的当年勇，抢先一步说出来。

主管若是一如往常地说："我的销售业绩……"你可以抢先一步接道："到现在为止，都还没有人可以超越那个纪录，对不对！"

你要表面上称赞对方："就是这样，对吗？""您就是这么做了，对吗？"然后抢先一步破对方的梗。

表面上看起来，你似乎很顺从地在听对方说话，但实际上却是在委婉表达："好啦好啦，这故事我已经听过好几遍了。"

如此便能缩短对方的长篇大论，也不会占用到我们的宝贵时间，实在是一石二鸟。而且，还能期待对方的反应。

不管怎么说，经常炫耀自己的人，无论工作能力有多强，地位或职位有多高，以人品或人格来说，都不是多了不起的人。

用这招！　（抢先一步）
"那件事情就是××，对不对？"

十、迁怒式的说教，提醒对方你搞错对象

如果是为我们着想的说教，当然得认真听，并吸取教训。但请不要忘记，也有很多人把说教当成一种攻击手段。

尽管是面对不讲理的说教，不少人却只能默默忍耐、接受。

一位 20 多岁的男性，他的主管就是用说教进行攻击的极端型人物。比方说，主管说："最近天气变热了呢。"部属只是附和道："真的，最近变热了！"没想到，主管却对他说起教来："连这样都觉得热的话，等到进入夏天，就有你受得了。"这实在令人觉得莫名其妙。

除此之外，使用厕所时把环境弄得很脏、打印机的纸用完不补等，所有大小事情都会一起拿来讲。很多时候，说教的内容都是无从改善的事，因此让人觉得主管只是在乱发脾气。

如果分析该主管性格，可以发现他是属于转移目标型的人。

他们没办法在原本应该发泄压力的地方正常宣泄，才会在别处寻找目标，意图宣泄情绪。

而这个主管，可能就是积累了相当多的不满，而这种无法获得满足的欲望，又没有释放的渠道，因此，为了排解压力，才会到处说教。

为什么他会感到压力呢？或许是因为中级管理职位的立场，和更上层的上司产生冲突或摩擦。他无法直接对上面的人诉说压力，所以才会找能让他发泄的对象，部属肯定首当其冲。

另一方面，这种人在家里又是什么状况？妻子可能责备他"赚的钱太少""都不花心思在小孩身上"之类。所以，就像在公司一样，在家里，他也是非常孤独的。

面对这种爱说教的中年男子，我们应该怎么应对？应当从平时就展现出"我不会成为你的攻击目标"的态度。

如果因为别人的过失而被责怪，请不要默默承受，你得清楚告诉对方："那并不是我的责任，是其他人的错误。"

如果你还是被责骂，更要主张："因为这种事来骂我，根本没道理。""你这样跟我说，我也没办法。"

主管在别人犯错时责怪你，可能是因为犯错的人是客户，即使他想怪罪也没办法。所以，这种行为背后往往还隐藏着这样的原因。

转移目标型的人有一种特征，会把矛头指向最容易攻击的对象。

近来，我们经常耳闻乘客对车站人员施以暴力，或是顾客要求店员下跪道歉的事例。这些都是瞄准最容易攻击的目标，所做出来的行为。

这位主管也是如此，他就是看准"这家伙绝对不会反击我"，才说部属的。为了避免遭受这种对待，一定要让对方知道，你也是会回嘴的。

用这招！ "你这样跟我说，我也没办法。"

十一、不赞同他就激动起来，你要以慢制快

大家是否曾遇到过一种人，他只要听到反对意见，就觉得自己被否定，并产生异常的激烈反应。

一位 40 多岁的女主管，便属于这种类型的人。在会议中，她只要听到和自己不同的意见，就会激烈驳斥，变得歇斯底里、非常亢奋，激动到连嘴角都要冒泡了。

其实周围的人并不是想否定她的意见，而她每次都过于拼命反驳，导致其他人都不敢表达想法，备感困扰。

这种主管为什么一被否定就会出现过度的反应，甚至变得很有攻击性？因为他们缺乏自信，同时心理也没有余地，无法从容地思考。

如果他们能感受到大家的尊敬，那么，即使其他人提出与自己不同的意见，也不至于会如此激烈地辩驳。也就是说，这种人属于国王型。

由于这位女性主管缺乏自信，因此，只要听到反对意见，就觉得自己的能力或人格都被否定了，而出现激烈的反应。亢奋的情绪，又会使自己更兴奋，才会喋喋不休地辩驳。

遇到这种状况，我建议可以暗示对方，让她知道你已经看出她缺乏自信及失控的状况。可以说："哇，您现在很激动噢！"或是可以说："先冷静一下。您现在的表情有点可怕。"

就像拿出一面镜子，请对方看看镜子里的自己。因为对方非

常激动,所以你更需要保持冷静的态度,并试图让她也冷静下来。

这位女性主管的状况,除了因为对自己缺乏自信,一被否定就猛烈反击之外,或许还有利益得失的理由。因为,如果除了她之外,其他人都不发表意见,这样自己的看法便更容易被采用,说不定,这就是她的目的。

假设如此,为了不让这种人占尽便宜,别因当下的气氛而不敢表达,应该更勇敢地把自己的想法说出来才对。

在开会时,如果讲话比较大声的人,意见就能获得采用,那么这个组织到最后一定会出问题。因为组织的决议,不是被意见内容优劣,而是被主张的激烈度所左右。

如果对方越说越快,且滔滔不绝的话,或许你可以说:"您讲太快了,是不是能请您再说一次,说得慢一点呢?"当你这样告诉对方,他就会像泄了气的皮球一样,清醒过来。

说话速度很快的人,自己通常不会发现。因为,他并没有考虑到要让听者了解自己,所以才会像机关枪一样说话。这也是由于缺乏自信所导致的。

用这招! "您可以再说一次,说慢一点吗?"

十二、自己错,要我背黑锅? 有往来记录为证

职场霸凌有时可说是一种犯罪,严重的话还会发展为诉讼案件,让人的心灵饱受煎熬。

一位 20 多岁的男子到我的门诊求诊。他有一天被主管叫去问道:"我之前叫你准备的资料,你做好了吗?"

他回答说:"咦,不是说明天中午前完成就可以了吗?"

接着,主管竟瞬间变脸,沉默了几秒钟后,突然大吼道:"明明就是今天! 今天! 你到底有没有在听别人说话啊?"

那时,办公室里有十几名员工在场。之后,主管就当着大家的面,对他破口大骂。如果按照第一章的类型来分类,该主管属于国王型的人。

如果这位来求诊的男性所言属实,可能是主管自己搞错了,也可能是他一开始就传达错误的时间。

尽管如此,主管是绝对不会承认自己的错误。正因为不想认错,才会激动地谴责部属。因为,他想把失败或错误,怪罪到别人头上,将自己的行为正当化。

当业绩退步或者在工作上出现过失时,这种主管会激动地责备部属。因为,他们不想承认自己判断上的失误,而归咎于下面的人。借由谴责他人,来主张"我没有错"。

这种人还会刻意在其他员工面前,严厉指责对方。因为,他想让大家觉得:"主管没有错,有错的是部属。"

　　如果放任主管这样对待自己，以后他仍然会找你开刀。那么该怎么办才好？这时，你一定要让对方知道，如果他敢责怪你，难听的话就会像回力飞镖一样，回到他自己身上。你必须告诉他："我不会让你为所欲为，我也会反击。"

　　如果事情太严重，你甚至可以说"我会直接禀告董事长"，或是"我会去找社保局"等，也就是搬出更上层的负责人或组织。

　　在社会上，有些只要攻击他人便会感到愉悦的施虐者，如果你的主管是这种人，部属确实不好受。我曾经认识一位 30 多岁的男性，也有这样的烦恼。

　　他的主管，跟先前介绍的案例一样，会在众人面前大声怒骂，甚至敲桌子、斥责他："要我讲几遍才听得懂啊！"

　　而且，即使有两名部属同时出现同样的错误，他也会用比对另一人更严厉的口吻责备他。据说，他还会到处散播谣言，说这名部属老是磨洋工不做事。

　　就像有人说，个性扭曲的人是无药可救的一样，想让这种人改过是很难的。因为，施虐者只要看到他人困惑的表情，或是失落、伤心的样子，就有一种莫名的喜悦。所以，遇到这种人，绝对不要跟他扯上关系，明哲保身才正确。但如果他们是你的主管，也没办法不予理会。

　　如果不想成为施虐者的攻击目标，你要表现出"我也会回嘴"的态度。举例来说，你可以说："我都有记录你说的每一句话，你确定还要继续说下去吗？"让对方感到不安。或者可以说："之后公司好像会安装监视器。"即使是谎言也无所谓，总之就是要吓阻对方，让他知道，你不会任他摆布。

用这招！　"我再也受不了了，我会去告诉董事长。"

第五章

朋友圈，要技巧性避开麻烦人物

我们的生活由许多不同的团体、关系所组成。除了友人之外，还有亲戚、邻居、家长会的往来等，有些关系并非出于自己的意愿，但却不得不参加。

　　一般来说，朋友之间的关系是彼此对等的。所以，朋友会说些无须客套且不经大脑的话，但也因此会产生嫌隙。原因就出在因为关系亲密，发言才会欠缺考虑，造成彼此嫌隙。

　　因为同在一个圈子，所以在遇到事情时，朋友也会被当作是比较的对象，容易产生羡慕或偏见等复杂的情绪。

　　除此之外，亲戚、邻居或是小孩同学的家长等，也属于虽然棘手，却无可避免，必须维持一定往来的关系。而在这当中，也有一些人特别与众不同，或是自我主张比较强烈。

　　无论如何，再怎么亲密的关系，都得拿捏好分寸。

　　在一段关系当中，如果一方必须容忍、退让的话，那么这段关系便无法长久维持下去。假设往后仍必须和对方往来，有时你必须对微小的攻击眼不见为净；但当自己被攻击到无法装作看不见的程度时，以现实考虑来说，不妨放弃这段关系。

一、朋友背后说你坏话，你得质问他

如果你发现平常感情非常好的朋友，竟然在背后说自己坏话，受到的冲击想必相当大，我相信许多人会因此沮丧。如果遇到这种事，该怎么办？

某位 40 多岁的女性，偶然得知公司同事在背后讲自己坏话。坏话内容无关工作，而是说她"说话方式很奇怪，是个怪人"，同事甚至还会模仿她讲话的腔调。

有人在背后说自己坏话，当然会觉得震惊，而且还是每天都必须面对的人，这使她非常困扰，不知道今后该以什么方式与同事继续相处。

在背后说人坏话的行为，通常都掺杂了自恋、羡慕与嫉妒，以及利益得失这三种情绪。

自恋，是借由在背后说坏话来贬低对方，让自己拥有高人一等、高高在上的感觉。

羡慕与嫉妒，是因为对对方心存欣羡的心情，可能因为对方比自己成功，或是比自己出众。如果是女性的话，或许是觉得对方有自己没有的优点，例如长得比自己漂亮等。

至于利益得失，则是这些人暗自期望借由说对方坏话，破坏对方在工作上晋升的可能，而让自己获得更好的机会。

要对抗以这些心态而去说他人坏话的人，有一个很好的方法，就是表现出："我已经发现你在背后说我什么了。"比方可以这么说："现在好像到处都在流传一个不实的传言，说你在背后讲我坏话。"

使用这个方法时，重要的是告诉对方"有一个不实的传言"，换句话说，要让对方知道"我实在不敢相信你会做这种事"。

然而，你真正想让他知道的，当然是"我已经听到你说的坏话了""我已经发现了"。一旦听到你这么说，相信对方也会大吃一惊，便不会再说你坏话了。

或许有人认为，一旦进入以说别人坏话来建立情感的"群体"当中，从此就无法脱身。如果想逃离这样的群体，自己便会成为被排挤的目标，变成下一个被说坏话的主角。但是，其实群体也料到你想要脱身，因此，会想尽办法拉拢你，让你跑不了。

有个概念称为"霸凌的四层结构理论"，这是由日本社会学家森田洋司所提出的。根据该理论，霸凌这种行为，并非只是由加害人与受害者建立起来的关系，除了这层关系之外，还有旁观者，即视若无睹的人，以及观众，即在一旁敲边鼓、起哄、觉得有趣的人。

而旁观者的数量如果越高，霸凌就越可能发生。所以，一个人如果想借由在背后说人坏话，企图将另一个人逼入死角的话，就需要有更多旁观者。

虽然你并没有在背后说人坏话，但在无意间，却会成为视若无睹的旁观者。

> **用这招！** "竟然有不实的传言说你在背后讲我坏话。怎么可能会有这种事。真的很讨厌哎！"

二、朋友圈就是闲话圈，另辟话题免伤感情

尽管自己可以尽量不去说别人坏话，但听到别人说坏话，还是会心情不佳。问题是，我们又不能把耳朵堵住。如果对方不但说人坏话，还要求你对他说的表示赞同，就更让人觉得棘手了。

D小姐的朋友，就相当喜欢说别人坏话。每次只要一见面，一定会聊起某些人的闲话。而且因为两个人住得很近，所以接送小孩的路线都一样，每次在接送小孩途中，D小姐便必须听对方嚼舌根。

刚开始她并不想附和这些话题，但有一天，朋友却问她："哎，你觉得那个人怎么样？"她回答："我不觉得有什么特别。"

因为这个答案，让她从此被这个朋友讨厌了。之后，她便从别人口中听说，这位朋友转而向其他朋友，说起D小姐的坏话。

如果你遇到这种逢人便说其他人坏话的人，你得知道他们羡慕、嫉妒他人的情绪很强烈。所谓羡慕、嫉妒，就是无法忍受他人比自己幸福而产生的愤怒。他们只要一看到旁人过得比自己幸福，便难以忍受，并开始说起这个人的坏话。

正因为有这种既羡慕又嫉妒的心情，所以他们只要一见到比较显眼或外貌出众的人，又或是另一半的薪水、工作都相当不错的人，就忍不住开始说起来。

应付这种人，其实相当困难。为什么？因为如果你表现出同意对方的态度，他可能会到处宣传："那个人在背后这样说你！"如

果你不赞同他，处境又会变得和 D 小姐一样。

那到底该如何是好？其实，最好的方法就是不跟这种人扯上任何关系。

像这种到处说别人坏话的人，一直在寻找会听自己说话的对象。因此，如果你乖乖听他说别人的坏话，便很容易成为被攻击的目标。

还有个更夸张的例子。据说，有一次，幼儿园的交通车抵达某栋大厦，接走幼儿园的小朋友。接着，送走小孩的妈妈们便聊起天来，聊到孩子们都下课、幼儿园的交通车又把小朋友给送回来了，妈妈们竟然还在原地。

所以，对付这种人，你得果断地结束话题，不要顺着对方的话走。比方可以说："哎呀，快递就要送东西来了！"随便找个理由离开现场。

如果手上刚好拿着手机，也可以借口逃离现场："刚才好像有人打电话来，可能是我婆婆，我先告辞了。"

如果每次都能像这样迅速结束话题，对方就会觉得你很忙。只要他觉得"这个人都不听我说话"，他自然会去其他地方寻找"听我说坏话"的目标。

假如是像刚才的 D 小姐一样，碰到朋友当面向你寻求附和时，可以回答："是吗？我们先不说这个了。你们家小朋友，是不是又长高了啊？生男孩真是不错呢！"

像这样，向对方提起妈妈最关心的话题，如此也不会显得不自然。这时，最好可以找到一些理由称赞对方的小孩，这样她不但不觉得可疑,甚至还会兴致勃勃地聊起新话题。

为了击退坏话,必须把对方引导到他更关心的话题上,除此之外,或许没有更好的方法。而最合适的话题,就是找到对方最想被称赞的地方,针对这点去赞美他。

虽然,这种方法可能会让人觉得提不起劲,不过如果你能这么做,至少对方就不会对你持有敌意。相比较同意对方说的坏话,这种方式更能维持精神上的和平,不是吗?

用这招! "先别提那件事了。你身上穿的这件衣服很好看唉!"

三、邻人说长道短,用笑容让他自惭形秽

即使你能忍受他人的羞辱,但若是自己的孩子、另一半等,对自己来说相当重要的人被侮辱,任谁都无法忍受。30 多岁的 E 小姐就有类似的经验。

某天,E 小姐和先生一同出门,遇到邻居太太。当天,双方仅简单地打了招呼,但几天后,E 小姐再碰到邻居太太时,对方竟对她说:"你先生怎么跟我想象的完全不一样,吓了我一大跳。而且还留着一头长发,真不像话哎。"

邻居太太说自己想象的,是在银行上班的男性,但 E 小姐的先生是自由职业者,并留了一头长发。E 小姐认为,邻居太太擅自想象,又东拉西扯,还强调自己被吓了一大跳,实在很过分。

遇到这种状况时,我们不妨先思考一下,为什么她会这样说。

或许是因为她发现 E 小姐的先生,比自己想象中还要帅气,因此产生羡慕的心理。不过,她却无法直接表达这种心情,因为这就等于承认自己的先生"输了"。所以,她才会用这些话来批评 E 小姐的另一半。

这时,该说哪些话来反击对方?毕竟她是在羡慕、嫉妒你。其实,大可在心中暗自偷笑。不过,自己重视的人遭到批评,难免想出口气,展现出:"我就是比你幸福,怎么样?"

这时,可以使用灿烂的笑容作战法。也就是说,让对方知道你完全不受影响,反而还散发出幸福的光辉。比方说,你可以露出灿

烂的笑容,邀请她:"下次我们来举办烤肉活动吧!我先生都会准备噢!也请你先生一起来吧!"

这样可以显示出:"你的侮辱,我根本不放在眼里,我先生对我来说就是最好的。"也就是:"我不知道你实际上是怎么想,但那和我没关系。怎么样?我们很恩爱吧!"

有句话说,幸福就是最大的复仇。

将莫名其妙的羞辱或失礼的话堵回去,最好的办法,就是让对方看到自己幸福的模样。请向对方表现出:"无论你怎么攻击我,我都不会受伤,我甚至根本不在意。我现在就是这么幸福,所以你说的话我一下子就忘了。"

你不觉得能做到这样的反击,是相当帅气的一件事吗?

用这招! "你先生是什么样的人呢?下次介绍我们认识一下吧!"

四、不听他的就排挤你，这种朋友反而好用

如果遇到喜欢掌控大局的人，只要方法恰当，这种人其实相当好用。比方说，夏季的露营活动、冬天的火锅大会等，如果有人愿意挺身而出、指挥大局，对我们来说是件相当有利的事。

但如果遇到什么事都非得按自己意思来才行的控制狂，也令人十分困扰。

有一位 40 多岁的女性，平常会参与志愿者活动，在活动时遇到一个非常喜欢指挥大局的人，令她感到困扰。

这个人做事非常干净利落，因此活动都相当顺利，周围的人也觉得很省事。但他总觉得自己想的百分之百都正确，所以完全不听旁人的意见。如果有人想反对，他就会营造出一种"让你无法在这个社区生存下去"的氛围。

这位 40 多岁的女性表示："只要想到往后都要像这样，不能违抗那个人的意思，就觉得非常郁闷。"

根据我的观察，自尊心过高的人可以分成以下三种类型。

第一种是因为想被称赞，而不断炫耀自己的称赞型。

第二种是认为自己与众不同，所以理应获得特别待遇的特权意识型。

第三种则是像先前介绍的，在志愿者活动中被视为问题人物的操纵、支配型。

喜欢操纵、掌控他人的，就是自恋情结非常强烈的人。喜欢掌

控大局的,多半属于这种类型。他们如果不掌控他人,内心就会感到不安,担心自己的地位会遭到威胁,或抱着某种自卑感。

如果他们能感到自己被认同,或是受众人尊敬的话,便会安心,也就不会去支配他人了。不过,如果是权力欲望特别强的政客型人物,又是另一回事。

所以,你可以拼命称赞对方。"这真的是很棒的意见!""真不愧是××,我们都比不上你。""实在是太佩服了!"尽量用阿谀奉承、拍马屁来吐槽他。在这种方法中,"过度"是重点,借由过度称赞对方来揶揄他。换句话说,也就是戏谑他。

用这招! "你好厉害噢!"

五、说话死缠烂打的人，症状发作你就告辞

"我说得才对""我的想法才正确"……有人会像这样，强迫推销自己的正确性。先不管他的言论究竟正不正确，但为了让周围的人接受，便强迫推销，着实令人感到不悦。

对这种死缠烂打的人，该如何回嘴呢？

F先生家附近，有一位对倒垃圾意见相当多的中年妇女。尽管没有人拜托她做这件事，她却会每天监视邻居倒垃圾，如果发现有人违反规定，就会如获至宝般跑去投诉。

而且，据说她还会擅自将别人家的垃圾打开检查，一旦发现没做好分类，就会拎着垃圾袋，跑到人家家里警告。

F先生因为工作的关系，每天都必须很早出门，但总会在家门口被该中年妇女缠上，让他上班老是迟到。

"矿泉水瓶的盖子不可以一起丢""废纸类的垃圾应该放在纸类回收里"等，每件事都会一一"指教"，她最后甚至还会说"真是没常识""就因为这样，所以双薪夫妻真是要不得"这种过分的话。

F先生认为："虽然我们没有遵守规定，的确是不对，但有必要把我们说成那样吗？"

事实上，中年妇女就是前面提到的操纵、支配型人物，也就是，必须通过掌控他人，来确认自己的存在价值。

这种中年妇女都很孤独。因为谁都不把她当一回事，加上平时也没事做，所以她感受不到自己的优越性或存在价值。也因为

如此,她才会找丢垃圾这种小事,要他人遵从自己的意思,借由支配的行为,感受自己的存在。

所以,基本上,你只要把这种人想成可怜人,并投以同情就好。不过,毕竟对方还是会为你带来麻烦,所以一旦碰上,也不能这么简单就算了。

这时,你只好采取打烊关门的方法,告诉对方"我们已经要打烊啰",果断地拒绝对方。也就是说,迅速结束话题。如果对方滔滔不绝念个没完,你可以说:"我下次会注意的。我可以走了吗?"

如果对方还侵门踏户来到家里,就直接告诉他:"如果你要说的话已经说完了,麻烦请回吧。"

假使你认真听对方说话,他便会认为你把他当作一回事。所以不管三七二十一,请尽快结束话题。

用这招! "我可以走了吗?"

六、说话糟蹋你，这样逆转形势痛击

先不论对方是否有恶意，如果他在众人面前揭露你不想让别人知道的事，或是说些失礼的话，都令人难以忍受。

这是实际发生在 G 小姐身上的例子。在公司，有个年纪比她小的女同事，女同事平常个性看似沉稳、温和，有时却会说一些话，让 G 小姐觉得被羞辱。

比如，有一次，她们一起在员工餐厅吃午餐，对方突然说："G 小姐，你食量还真大。我都已经吃不下了。"

又有一次，同事间正好聊到某位男同事的年龄，女同事却突然说："说到这里，对了，G 小姐你几岁了啊？"仿佛要刻意让 G 小姐在大家面前公布自己的年龄一样。借由让对方出丑，好让自己获得优越感。

这种行为，是自恋人士的伎俩，他们想展现出："我的食量比你小，所以比你淑女、有气质。""我比较年轻，也比较有魅力。"

当遇到这种对手时，你当然可以采取成熟的应对方式，以悠然的微笑，虚晃对方。不过有时候，还是应该给予正面的回击，毕竟老是压抑自己的情绪是不好的。

自尊心越强的人，越会否定自己的负面情绪。这种人不愿意承认自己的怒气或敌意、懊悔或不满，但其实承认自己有情绪并非是一件坏事。

我认为，平常就应该坦率接受、承认自己的情绪，并且适度地发泄,这才是比较正确的做法。

每个人多少都会遇到想哭的事,也有感到悲伤的时候,若是把情绪都往肚子里吞,是会因此产生心理疾病的。

面对这种人,该怎么做才好?

毕竟对方在众人面前让你难堪,此时,你也可以用大家都听得到的音量说:"你真没礼貌!"这么一来,就能瞬间逆转局势。也就是说,要传达一种"包含我在内,所有人都觉得你很没礼貌"的信息。

要注意的是,如果你用小到只让对方听得见的音量说"……你真的很失礼",这样就会变成是你在攻击对方。所以,你得朝着四方大声说:"真是没礼貌!""咦,你刚才说什么?"尽管是同一句话,也会有完全不同的印象。

如果能让大家都听见,气氛也就不会那么尴尬。只要提起勇气,相信大家都能做到。

用这招! (让周围都听得见)
"真是没礼貌!"

七、讲话爱"骑"人，让他知道自己无聊

有些女性，无论遇到什么事情，都想表现出"我比你厉害"的样子。在日文中，这种女性被称为"排名女子"。如果遇到她们，虽然可以告诉自己不要太在意，不过有时这种人真是让人觉得生气。

"我的胸部实在是太大了，都找不到适合的衣服穿，真的好烦恼。说到这个，你就很令人羡慕，那么瘦，应该什么衣服都能穿吧。"

"你真的好会化妆、好厉害噢。像我就不太会化妆，所以都素颜。不过，我男朋友说我不化妆比较好看。"

据说就有这种人，每次只要见面，就会这样跟朋友说，企图显示自己高人一等。当然，这些话乍听之下仿佛在称赞对方，但其实都是在暗自炫耀："我的身材比你还丰满！""我的脸不用化妆就很美了。"

会说这种话的人，都是自恋狂。她不管讲什么，都要表现出"我比你高一等"的态度，否则绝不罢休。她们想要炫耀，但又不想被人觉得自己在炫耀。

谈到炫耀，17 世纪《箴言集》的作者拉罗什富科曾经提到："一般来说，人都是为了获得称赞，才去赞美他人的。"

也就是说，当一个人在称赞他人时，其实背后隐含了自己想被称赞的欲望，除此之外，无其他动机可言。

对于这种喜欢爬到他人头上的人，你可以用脱离排名斗争的方式应对。因为，你根本就没必要加入这种虚无的排名当中，你并

不想站在比对方更优越的地位,也不想跟对方争胜负,这便是最明智的应对方法。

如果你身边出现脸上写满了"快来称赞我"的人,就称赞他吧。

如果对方和你说:"你好瘦,真令人羡慕!"你可以反过来告诉她:"可是我比较羡慕你的身材那么丰满。这种身材绝对比我更受男性欢迎。"如此适度地吹捧,就不会出现不愉快的气氛。

当身边出现这种人时,你绝对不能假装没看见,不然对方有可能恼羞成怒,觉得你不上道。借着适度的赞美,能让你从斗争之中脱身。

另外,还有这样的例子。一位 20 多岁的女性参加了同学会,见到好久不见的同学。在同学会上,却有人对她说:"哎哟,你变胖了呢! 是不是跟男朋友发生什么不开心的事,所以就暴饮暴食啦?""不减肥的话,会被男朋友嫌弃噢!"

对付这种人,你不能用称赞对方的方法,而要用另一招——展现幸福。

如果对方问:"你是不是变胖了?"就回答:"呵呵,没错。其实是因为跟男朋友在一起太幸福了,我们经常一起去吃吃喝喝。"

假设对方说:"不减肥的话,会被男朋友嫌弃噢。"可以回答:"不会啦! 我男朋友就喜欢我丰满一些的。"

"或许你一直都很在乎那些排名或顺位,不过我已经抓住幸福,脱离那种无聊的斗争了"——你得传递这个信息,一棒子击倒对方。

用这招! "我就是因为太幸福,才会变胖!"

八、聊天话题只有抱怨，你用开心话题岔开

不管是谁，都有想抱怨的时候。但如果抱怨起来没完没了，也让人吃不消，但你又不能因此就舍弃这段人际关系。

一位女性朋友有个住在远方的儿时玩伴。这朋友每天都会发短信给她，向她抱怨自己的丈夫。短信内容大多是"我先生喜欢赌博，所以根本存不了钱""他每天都说不想干了，要把工作辞掉""我在考虑是不是应该跟他离婚"等。

而她也会回复一些寄予同情的话，但对方仍是每天抱怨不断，这让她备受困扰，希望对方好歹也要知道分寸，不要一直将短信发来。

但是，为什么这位友人会有这么多抱怨？其实她就是在转移对象。事实上，她应该有很多话想对自己的先生说："因为存不了钱，所以你能不能不要再去赌博了？""我不希望你辞职，请努力工作。"她虽然想对先生这么说，却开不了口，因此才会转移对象到朋友身上，向她抱怨。

那么，为什么她没办法向自己的先生说呢？说不定是因为，如果她直接说了，对方会对她施展暴力、拳打脚踢；或者是对方总以喝酒来发泄情绪；或者是她过去曾经抱怨过，但双方却起了严重的争执。基于种种，她才没办法与先生沟通。

每天的不满，就这样积累在心中，没有发泄的渠道。因此，她才会想找一个人，来排解郁闷的心情。

产生抱怨的原因,几乎都是因为本人无法直接面对造成自己愤怒或怨恨的对象,才会去找其他愿意倾听的人诉说,并将不满发泄在他们身上。

话说回来,光听人抱怨,也会产生不愉快的情绪。要怎么做才能解决困境,不再让人跟自己抱怨呢? 方法就是,不要成为他们的目标。

通常会向外抱怨的人,不管对象是谁,只要有人愿意听他说话就好。也就是说,谁都无所谓。

因此,首先要做的,就是不要回应,不让矛头对准自己。如果不去回应对方,自然而然,他就会去寻找其他的目标。

假设是前面的案例,如果你收到抱怨的信息,觉得不回不太礼貌的话,可以这么回应:"你看过那部连续剧了吗? 还蛮好看的噢!""我们家附近新开了一间还不错的咖啡店,有没有兴趣?""昨天我带我家的狗去美容,它现在的造型超可爱的,等一下我发照片给你!"

总之,就是不要提及与对方丈夫有关的内容,回复完全无关的事情即可。说自己想说的话,不作正面回应。

这时,你要尽量说一些正能量、开朗的话题,这能让一整天都沉浸在阴暗、忧郁想法中的友人想起,这世上并非所有事都这么不开心。请试着帮她摘下这副不幸的有色眼镜。

当然,这种方法不限于短信,在交谈的时候,也可以这么做。如果对方单方面地不停抱怨,你可以先回答"嗯嗯""是噢",再接着说"噢对了,说到这……",然后开始聊自己想说的事。

不过即便你这么做，难缠的人还是会把话题拉回到自己身上。当他这么做时，你就再把话题拉到自己想聊的事上。

重复几次后，对方也能察觉到："他大概不想听我抱怨吧。"

这个方法能让你不需当面拒绝"请不要再说了""我实在不想再听了"，还能让对方主动察觉自己的抱怨并不受欢迎，也不会使双方关系产生裂痕，是最聪明的回嘴方式。

用这招！

（无视对方的抱怨）

"对了，那部电影好像很好看，你看过了吗？"

九、老是曲解别人的话,对他你得正经八百

有时候,你说的话并没有恶意,却遭到对方曲解,认为你非常过分。我相信许多人都遇到过莫名摆出受害者姿态的人。

Y 小姐有个高中同学,才 22 岁就决定结婚。因此,感情比较好的朋友们便聚在一起,替她举办了庆祝餐会。饭吃到一半时,Y 小姐好奇问道:"可是我们都还那么年轻,你是怎么下定决心要结婚的啊?"或许是踩到对方的地雷,当朋友听到 Y 小姐的问题,马上变脸,并尖声反驳道:"我高兴几岁结婚就几岁结婚!"原本高高兴兴的聚会,气氛瞬间变得非常尴尬,谁也不敢再开口说话。

事实上,Y 小姐并没有否定朋友要结婚的意思,她只不过是出于好奇心而提问,却被认为带有恶意。

有人会像这样,遇到一点小事,就摆出一副受害者的模样。

不过话说回来,或许 Y 小姐自己也有问题。说不定是因为她很羡慕即将结婚的朋友,才故意这么问。当然,即使她没有恶意,也不是刻意攻击,我们都必须了解,很多时候,人的心意本来就很难百分之百传达出去。

人与人间有时会遇到无法互相理解的状况,我建议你可以用和缓的态度说:"其实我并不是那个意思。不过有时候,人与人之间的确蛮难互相了解的。"

如果你没有确实传达自己真的没恶意,对方就会一直扮演受害者的角色。所以,请明确表现出:"我不知道你为什么会有那种

反应,但我从一开始就没有任何想要攻击你的意思。"

　　这么一来,对方也会察觉"是我刚才态度不太好",还会自我反省。

用这招!　"我并没有那个意思。"

十、背叛你、传你八卦的朋友，不要再往来

在英文中，有个新创名词"frenemy"（敌友），这个字是由朋友（friend）与敌人（enemy）所组成，意指伪装成朋友而作出攻击的敌人。这种人在现代社会到处都是。如果被自己觉得信赖的朋友背叛，是一件非常令人受伤的事。

H 小姐是一位大学生，她向同社团的朋友倾诉了有关与男朋友相处的烦恼。因为对方看上去十分善解人意，所以她便说了许多不会告诉别人的事。

但不久之后，"H 和她男朋友快分手了"的传闻，便在社团内传开，最后甚至还传到 H 小姐男朋友的耳里。结果，男友跟她说"你好像到处在散播有关我的事，真过分！"，然后便提出分手。

而朋友之所以到处制造 H 小姐与男友不合的传言，正是出自羡慕又嫉妒的心态。她可能无法接受 H 小姐有男朋友。

说不定她还心想，如果 H 小姐被甩了，她就有机会成为男生的下一任女友。也就是说，动机是羡慕、嫉妒，加上利益得失。

如果遇到这种"敌友"，就不要再往来了。但你最好下一个最后通牒，让对方知道："请不要再做这种事。我不会再相信你了。"

在所有人际关系中，有些关系即便终止也无所谓。如果你能察觉到"原来我根本不需要跟这种人来往"的话，心情也会比较轻松，像从牢笼中解脱般，成为自由之身。

可能对方会威胁说："如果你不理我，对你没有好处噢。"但无

须将这些威胁当真，因为友情必须建立在彼此信赖的关系上。如果缺乏信赖，这种友谊不要也罢，我甚至可以说，这是一段非断不可的关系。

用这招！　"请不要再做这种事。我不会再相信你了。"

第六章

家人亲戚的言语暴力，
甚至比仇敌更狠

对我们来说，家人是最亲近，却又最遥远的存在。

父母、兄弟姊妹、夫妻——这些人和我们生活在同一个屋檐下，每天都会照面，但如果心意不相通，便无法了解对方，也无法得知他们对事情的感受。

此外，人们常因"反正是家人嘛""反正是自己的爸妈""毕竟我们是夫妻"，便恃宠而骄，而对家人做出对其他人绝对不会做的行为。

在我的门诊中，有许多对丈夫不满的女性来求诊。根据我的观察，这些女性大致可分为两种类型。第一种，是对丈夫的言行不满、愤怒或是恐惧，但却无法抵抗，只能默默忍受。长久下来，她们都不把这些情绪表达出来，因此在心中日积月累，最后把自己逼进死角。

而另一种，是"我把对丈夫的不满说出来之后，现在两人之间的关系就像战争状态"的类型。我发现，夫妻会陷入这种状况，似乎可以归咎于妻子在沟通时所说的话：用"都是你不好"这种话来谴责丈夫，对方也会变得有攻击性。沟通的最终目的，应该是促进彼此之间的理解，以建立更好的关系才对。

在与亲近的人沟通时，切记，无论发生什么问题，或是遭受什么攻击，都要想到你们是家人，今后必须相处下去。

一、爸妈的批评太过分,你放慢声调回一句

母亲与女儿之间的关系,总是比父亲与儿子要来得复杂许多。

有的母亲会想尽办法,让女儿照自己的意思生活。女儿虽然希望能拥有自由,但又无法完全舍弃、违背母亲的心意。我认为这个问题,从人类诞生以来,或许就一直存在了。

一位女大学生,每天都受到母亲的言语攻击。"你又不是长得特别可爱,脑筋也普普通通。就因为这样,才需要比别人更加倍努力啊!""你其他同学都考得很好吧? 既然这样,为什么你才考这么一点分数?"

据说,母亲的口头禅是:"我是为你好,才跟你说这些。"而女儿也一直告诉自己"既然妈妈都这么说了,我只好听她的",但她其实早就受不了。

母亲这种"生物",总是期盼自己的女儿能安安稳稳地度过人生。然而,女儿却想跨出母亲预设的框架。为了避免尚未发生的问题或麻烦,便造成母亲无论如何都想掌控,甚至直接支配女儿。

这种想法和行为,也隐含了一个信息:"不要抛弃我。"根据不同状况,母亲甚至还会传达一种"你不可以比我幸福"的信息。当母亲总是对你说一些过分、难听的话,首先,你要以态度或言语直接告诉她:"我很受伤。"因为,妈妈们并不一定知道,自己说的话会伤害到女儿。既然她没发现,就有必要让她知道。

那么,为什么妈妈不知道自己已经伤害到女儿了呢? 因为,她

们认为孩子是自己的分身。她们觉得孩子是自己生出来的，是自己辛辛苦苦一手带大，本来就应该听妈妈的话，和自己有相同的想法。

换句话说，以母亲的角度来看，她会以为"我当然跟女儿想的一样"。她根本不会想到女儿很受伤，甚至还会烦恼为什么两人总是无法互相理解。

那么，站在女儿的立场，又应该怎么开口？其实，不妨直接告诉母亲："你这样说让我很难受。"毕竟，妈妈比较难察觉女儿是因为自己的话而受伤，因此光这么说，就有一定程度的效果。

你甚至可以反驳说："妈妈，或许我真的考得不够好，但说不定这是遗传啊。"有时如果不用强烈一点的方式回嘴，可能很难让对方理解。

无论是怎样的母亲，也都是人家的女儿。妈妈们小时候，或许也曾遭到她们的母亲，说过相同的话，或是受到相同的对待。但她们却忘记自己过去的不愉快，而沉浸在母亲的身份中，成为一名攻击者。

这就是精神分析家弗洛伊德的女儿安娜·弗洛伊德所说的与攻击者同化。

一般来说，当自己遇到不愉快的事情时，不会以同样方式去对待别人。但有人却会做出同样的行为，借此去克服当时的不安或无力感。

这其实就和被霸凌的孩子，可能转向去霸凌其他孩子一样。母亲与女儿的关系，便是重复了这种模式。如果想阻绝这种状况，就必须鼓起勇气清楚传达："妈妈，你对我说这种话，我非常痛苦，也非常受伤。"

用这招！ "妈妈，你说这些话真的让我很受伤。"

二、如何挣脱你不想要的父母安排?

说到父母干涉子女的例子,放眼古今中外,不胜枚举。我们甚至可以说,无论怎样的家庭,都有这种状况,这是相当普遍的问题。

一位女性,因为男朋友的事,令她相当烦恼。她表示,妈妈不经过她的同意,就擅自联络她男朋友,除了跟男朋友说"我女儿很不会做菜,而且也不喜欢打扫""她说她想要跟会照顾自己的人结婚""你要好好对待她"等,甚至还会拜托他"请不要跟我女儿说我有打电话给你"。

女儿知道这件事,便向母亲提出抗议,没想到妈妈却反驳说:"我这么做是因为担心你。""全世界就只有我会为你着想。"

这个母亲,表面上扮演着为女儿着想的妈妈,但实际上,她只是希望自己不要被抛弃,她在释放出"不要把我丢掉"的信息。

正因为母亲害怕会被如此珍视的女儿抛弃,所以才试图去破坏她与男朋友之间的关系。

如果想逃离这种掌控,你必须明确表达"我不是你的分身"。假如不作任何表示,母亲就会永远误以为自己的行为是对的。

这样的案例,女儿和儿子受到的对待又有所不同,我们来看看两者之间的差异。

如果是女儿,母亲的情绪是想支配、掌控。如果是儿子,母亲则不希望儿子被其他女人抢走,会采取提早门禁时间等手段,让他没办法与其他女性交往。

有位 20 多岁的男性,他也因为母亲的干涉而烦恼。

当他开始找工作时,妈妈就拿出十大优秀企业的排行榜,要求他必须在这当中选择一家就业。当他反驳"我会自己决定自己要做的工作"时,却反被母亲责备:"我都是为了你好,才去帮你调查的。"

母亲对儿子进行干涉与掌控的例子也非常多,因为母亲对儿子有强烈的母子同体感。

虽然前面已经提过,但我还是要再说一次,母亲都认为自己的孩子,就像自己的分身。因此,她们认为孩子本来就应该和自己有相同的想法,也希望孩子能按照自己的意思行动。

对于这种母亲,你必须明确表示:"我和你是不同的个体。"要让她清楚明白:"你或许这样想,但是我和你不一样。"

用这招! "我不是你的分身。"

三、另一半的家人爱嘲讽,你就搬出另一半

婆媳之间的问题,虽然自古以来就存在,却没有随着时代进步而改善。在每个时代,女人中间都夹着一个男人。媳妇虽然没办法对婆婆说什么强硬的话,但有时又觉得不吐不快。

一位 40 多岁的女性,带着伴手礼回婆家,却被婆婆嫌弃:"明明就有更好吃的礼盒。""真不会挑礼物。"

除此之外,她在婆家做菜也被批评:"这跟我们家的味道完全不一样。""你都让我儿子吃这种东西吗? 他未免也太可怜了吧。"

对这个过分的婆婆,她希望有一天能报一箭之仇……

事实上,媳妇与婆婆之间本来就是夹着一个男人的三角关系。以婆婆的角度来看,最亲爱的儿子被媳妇抢走了。她们觉得:"小时候,他明明说长大以后要跟妈妈在一起的,现在居然被那种女人给抢走,实在不甘心!"

所以,无论媳妇有多好,婆婆都会忍不住想找碴,在鸡蛋里挑骨头。因为从一开始,她们就打定主意,无论遇到怎样的媳妇,她们都要抱怨,并做出"你不及格"的评判。

在我们介绍的案例中,婆婆之所以抱怨媳妇,不光出自嫉妒心,也因为自恋心态。在群体当中,女性都想显示自己位居上风。

然而,如果冷静思考便可发现,其实媳妇才是真正的赢家。媳妇比婆婆年轻,就生物性意义上来说,媳妇绝对胜过婆婆。

在某种意义上,婆婆也知道自己是输家。正因为理解到自己

的败北,所以才会在芝麻小事上,展现出自己高人一等。例如"我做的菜比较好吃""我教养小孩的经验比较丰富"等。

仔细想想,这其实是很值得同情的。如果媳妇能察觉到这一点,或许也不会特别想去反驳婆婆了。如果你还是觉得恼火、愤愤不平,可以仔细注视着婆婆的脸,并在心中告诉自己:"我才不像她一样满脸皱纹。"

如果非回嘴不可的话,我教大家一个最终手段。

婆婆嘲讽你时,可以回答:

"真的吗?可是那个伴手礼是我跟某某(丈夫)一起挑选的。"

"某某(丈夫)说我做这道菜很好吃。不过似乎不合您的胃口。"

也就是说,要表现出丈夫是站在自己这一边的。

婆婆是因为儿子,才和媳妇展开这场女人之间的战争,如果你能让她知道,在战场上儿子是站在媳妇这边的话,她就彻底没辙了。

即使事实并非如此也没关系,请把丈夫塑造成你的盟友。婆婆来找你麻烦时,就说:"不过,某某(丈夫)不太介意这种事。"

如果在某些事情的意见上,和婆婆产生对立,并遭到反对时,也可以说:"这是我和某某(丈夫)一起做的决定。"

但请注意,当你在反驳婆婆的时候,请不要像在炫耀一样。因为再也没有其他东西比女人的嫉妒更可怕,不要因此影响到以后彼此之间的关系。

用这招! "这是我和某某(丈夫)一起做的决定。"

四、别说"你妈""你爸"，要说"我""我们"

对已婚妇女而言，公婆出手干涉家事，难免让人感到厌烦，又棘手。虽然你也可以不予理会，但婆婆不知道是不是太闲、没事做，还会经常打电话来。

J小姐的婆婆，据说只要一碰到连续假期，就会打电话要他们回婆家吃饭。但是难得的假期，实在想好好在家休息，也想和丈夫两个人出个远门。不过，婆婆却觉得儿子与媳妇本来就应该回家，而J小姐的先生对这点，似乎也没什么特别的意见。

J小姐觉得婆婆离不开自己的儿子，而丈夫也是"妈妈的乖宝宝"，因此而感到愤怒。

不过在这里，J小姐已经犯了一个很大的错误，就是她认为恋母情结是不对的，但其实所有男人都是妈妈的乖宝宝。

弗洛伊德在《精神分析概要》中就曾经说："对男性而言，如何将自己性冲动的对象，从母亲身上转移，投射至现实血亲以外的对象，是他们人生的课题。"

换句话说，弗洛伊德的意思是，男人全都有恋母情结，而如何把对母亲的感情，转移到其他女人身上，便是所有男性的课题。

就连弗洛伊德自己也知道，让男性脱离恋母情结，是件多么困难的事。因为他自己就有着浓厚的恋母情结。

弗洛伊德的母亲并非父亲的第一任妻子，并且在年纪很轻时便生下他，因此他从出生到死亡，几乎都和母亲住在一起。除了到巴黎留学两三年,离开母亲身边以外,其余都一起生活,是个超级乖宝宝。

当我说男性全都有恋母情结时,女性或许会因此感到嫌恶。不过,也有许多男性因这句话而感到救赎。

当夫妻发生争执时,妻子责备丈夫:"你根本就是你妈妈的乖宝宝。为什么我被你妈欺负成这样,你就不能对我好一点?为什么你老是站在你妈那一边?"这时,男人便可反驳:"只要是男人,都有恋母情结。"他们甚至可以拿弗洛伊德的书给妻子:"你看,这本书上都有写。"

让我们回到刚才必须频繁回婆家的问题。其实,婆婆只要看到儿子,问题便能解决了。

既然如此,妻子可以和丈夫分开行动,让丈夫回婆家,自己自由活动。这么一来,所有问题都解决了!

在这里,我要给世上所有媳妇一个建议。当你和丈夫商量有关婆家的事情时,千万不可以说"你妈妈怎么样怎么样""你怎么样怎么样",也就是说,不要把婆婆或丈夫当成句子的主语。

如果是刚才的例子,"为什么你妈妈每次只要一放假就叫我们回去?""你妈妈难道不想让我们休息吗?"像这种说法就是错误的,甚至会让丈夫觉得气愤:"不准你说我妈妈坏话。"这种说法就像对有恋母情结的男性地雷区发动突袭一样。

换一种说法:"你觉得呢?比起跟我在一起,你比较想去找你妈妈?"这样说也不对。对男人来说,要他们在妻子与母亲之间作抉择,几乎是不可能的事。再加上如果逼问他"你觉得怎么样?",

男性会觉得是自己被责备。

　　所以，遇到这种状况时，我建议把"我"当成主语说话："难得的连续假期，我想在家好好休息。""我想和你有两个人独处的时间。"

　　即便你对婆婆有负面的情绪或想法，也不要让丈夫察觉。请不要否定婆婆，也不要否定丈夫，坦率表明"我"的想法就好了。

用这招!　"我想和你有两个人独处的时间。"

五、偷看你的手机？因为你没给她安全感

行动电话有许多个人隐私，如果搞丢的话非常麻烦。因此，如果你的电话被偷看，感觉一定不会太好。

我的男性友人，据说他妻子就对他坦承，经常偷看他的手机。

"之前我假装要去洗澡，再偷偷往客厅看，果然发现妻子在偷看我的手机。当我对她说：'不要再这么做了。'她却恼羞成怒地说：'难道你有什么东西见不得人吗？'甚至还哭。"

我相信这位太太一定很清楚，就算感情再好的夫妻，仍然必须尊重彼此的隐私。那为什么她还是要偷看先生的手机？

或许是出自害怕被抛弃的恐惧。她怕丈夫有外遇，自己会被舍弃。

说不定在过去，她曾经有被男性抛弃的经历，因此留下了阴影。为了避免遭受和过去相同的伤害，所以才会做出这种行为。并且，越是缺乏安全感的人，掌控欲就越强。

丈夫该如何与这样的妻子相处？以长期来说，你必须经常地对另一半表达你对她的爱，替她抹去有可能会被抛弃的不安全感，并让她感到安心。

同时，你也必须让她知道："就算我们是家人，还是必须彼此尊重。""如果我对你做出相同的事，你也会不开心吧。"

毕竟，鲁莽地互相侵犯隐私，实在是种不能被容许的行为。

用这招！ "希望你能尊重我。"

六、老是恶言相向，你的回话不能中计

我相信，不少女性都曾受过丈夫或男朋友的言语暴力。

K 小姐也是，她平常就会被丈夫恶言相向，令她觉得活着是一件很辛苦的事。只要发生一点小事，丈夫便会对她大吼大叫，甚至还会乱丢东西。但是他并不会使用暴力，甚至还会强调："我从来没有对你动手过。"

他会怒吼："自从跟你结婚后，就没遇到过一件好事。"这让 K 小姐感到十分痛苦，但为了孩子，只能隐忍。

这种丈夫是转移目标型的人。因为，他在外面的欲望无法得到满足，只能回家对妻子发泄。除此之外，他还把生活中诸多不顺的责任，全都推到妻子身上，借由这种行为，来转嫁责任。

行为背后可能还牵扯到利益得失。或许是先生有了外遇，为了不被发现，才用这些话来掩饰，借由口出恶言，来让妻子受不了。如果最后是妻子提出离婚，他便可以在不必支付赡养费的条件下，和其他女人结婚了。

丈夫强调"我从来都没对你动手过"，可能就是因为他知道，如果施暴的话，谈离婚将对自己不利。如果夫妻之间已经走到这种地步，或许该找长辈商量如何协议离婚了。不过在这之前，必须重新思考双方的责任。

请记住："是你选择我作为另一半，而选择你作为另一半的也是我。既然我们选择了彼此，就应该要努力和睦相处。"当发生不

愉快时，请让对方了解这个道理。

用这招！ "是你选择了我噢。"

七、配偶常常贬低我，这样回嘴改他恶习

有许多女性长期受到丈夫言语上的恶毒、心理上的贬低、不当的对待等不公平的待遇。

"家庭主妇真是轻松。"我认识的家庭主妇 L 小姐，她先生就经常这么说，让她十分无奈。

"在我去上班的时候，你都可以在家睡觉，还真幸福。"

"你有时间可以跟小孩玩，真让人羡慕。"

接着，就连孩子们也受到影响，会对她说："妈妈，你都不用去学校，也不用上班，很好噢。"令 L 小姐感到非常难堪。

这段婚姻生活并不是才刚开始，她之所以成为专职的家庭主妇，也是经过丈夫的同意。既然如此，为什么丈夫又要对妻子说这些话呢？这种人也是转移目标型的人。

说不定丈夫是因为在公司被上司责骂，或在公司的地位受到危及，因此积累了许多不满的情绪。原本应该对上司表达反驳之意，但他又不能这么做，只好回家把脾气发泄在妻子身上。

除此之外，或许丈夫还有自恋情结，借由贬低妻子，重新确认自己的价值。

这种人在外面，经常被迫处于某些人的下风，因为事情无法按照自己的意思进行，个性才变得暴躁。事实上，他其实是想找人倾吐这份不安，想找到可以依赖的人。但男性的尊严，却不允许他做出如此软弱的行为。

所以,回到家,便会以一副高傲、了不起的态度说:"还不都是我出去赚钱养你的。"而且,他会主张:"是我在供养你,所以我比你了不起,你凡事都应该听我的。"

我们并非无法理解男性的辛苦,但这也不能当成一个理由,将口吐恶言合理化。

面对这种人,应该怎么做? 举例来说,我建议你可以说:"那不然,你负责家里所有的家务,让我出去工作? 其实还蛮辛苦的。打扫、洗衣服、煮饭,你要不要做一次看看?"

换个角度,如果丈夫是上班族,你也可以说:"你每天只要去公司就有薪水领,真轻松。"不过,这么说,心情上虽然会舒坦不少,却也有可能火上浇油,使对方回击"你有什么了不起的""你懂什么"。

所以,当丈夫口出恶言、瞧不起你、迁怒于你时,请告诉他:"我并不想讨厌你,所以请你不要再说下去了。""竟然说这么过分的话,你能站在我的立场想一想吗?"

当你因为对方说的话受伤时,有必要准确传达自己的感受。除此之外,还必须表现出"尽管如此,我仍然不想讨厌你"的态度。如此一来,情绪焦躁的丈夫,心情多少也能变得比较平缓。

这时候,如果能让丈夫说出"其实我也说过头了",或许你也会变得比较宽容。因为,丈夫只是搞错依赖的方式而已。

"我并不想讨厌你"——这是一颗能替所有争论或麻烦,画下休止符的万灵丹。

"因为阴错阳差,我们站上吵架的擂台,但因为我很重视你,所以我还是希望能和你维持良好的关系。我的目的不是互相伤害,我想与你愉快地相处"——请务必传达这个意思。

用这招！　"我并不想讨厌你，所以请你不要再说下去了。"

第七章

回嘴,是为自己的人生负责

一、太想当个好人，最容易被呛声

到第六章为止，我们已经讨论了许多在日常生活中可能遭遇的言语攻击，也介绍了几种能派上用场的回击方式。

然而话说回来，究竟容易被呛声的人，和不容易被呛声的人，有什么不同之处？

容易被攻击的人，基本上就是所谓的老好人。也就是说，很难拒绝他人要求的人，或是希望能被大家喜欢、被大家接受、想受欢迎的人。以精神分析学的角度来看，他们希望尽可能去满足他人的欲望。

这种类型的人在年纪还小时，通常是父母眼中的乖孩子。因为，他们非常希望获得父母的宠爱，所以会想尽办法满足父母的欲望。他们总是很听父母的话，处于被动的一方。而这种行为与态度，即便长大成人，也不会改变。如果你是这种人，就必须特别注意。

而不容易被攻击的人，简单来讲，就是会被旁人认为："如果我攻击他的话，应该会被报复吧。"

所谓霸凌，基本上就是欺负弱者的行为。无论是在学校或者职场，都有上下强弱的关系，因此也会形成一种强者欺凌弱者的结构。握有某种程度权力、力量的人，会去欺负没有这些权力、力量的人。

换句话说，容易被欺负的人，大多都是安静、不太会反击的人。

因此,如果被人攻击的话,请表现出"我可是会反击的""小心我以牙还牙"。有必要的话,在某种程度上虚张声势也无妨。重点是要让对方认为:"这家伙好像会反击!""他似乎不是省油的灯!"

即使你并不想把对方击倒,但也得回嘴,才不容易被当成是攻击的目标。

除此之外,这些容易被攻击的人,都有钻牛角尖的倾向。

"那个主管一定很讨厌我。他说不定恨我。"

"他这么说,一定都是因为我太没用。"

像这样,他们很习惯接受对方的侵略性话语。在本质上,他们其实是很认真的人。他们受的伤,可能比对方想的还多。也可以说,他们总是想太多。

如果你有这种倾向,希望你能转换思考模式:"就算对方这样说,我也没必要把那些话当真。"

二、别以为当个好人，人生就不必这么累

有些人会误以为自己的价值观等于社会衡量的标准，还会强迫别人遵循这套原则。所以，这种人经常会攻击他人。

面对这种类型的人，有必要告之"你的衡量标准是你的，和我不一样"的想法。这和我们在第二章中提到，在对方与自己之间画一条清楚的界线的道理相同。

越有攻击性的人，越会强迫他人接受自己的标准或情绪。因为，他们相信自己绝对正确。为了驳斥这种行为，你必须让他知道"你的想法和情绪跟我不一样"。

正确答案不会只有一个。说得极端一点，大家认为"不可以杀人"是绝对正义，但如果是自己遭到歹徒的攻击，在快被杀害的状态下，也很可能因反抗而杀了对方，这却是正当防卫。

所以，根本没有不分具体情况的"绝对正义"可言。

容易被攻击的人，其实都没有自己的一套标准，也就是我们前面提到的老好人。他们经常配合大家，并且会看对方的脸色行事。所以乍看之下，他们似乎很为大家着想；但换个角度来看，他们其实根本没有自己的准则。

就连在面对人生时，他们也会用别人的标准来判断、作决定。到最后，只能借由满足他人的欲望，来确认自己的存在感与价值。如果无法获得他人的评价或认同，便感受不到自己的存在意义。

另外一种人，则是因为他们不想为自己作的决定负责，所以希

望别人作决定。也就是无法说出"这是我自己决定的事，我会负责"的人。他们长大之后，才会开始建立自己的衡量标准。

事实上，我在成长过程中，有时也会遵循着他人的标准做事。我从小梦想将来成为作家或记者，但为了顺从双亲"希望你成为医生"的梦想，我进入了医学院。

如果我能坦率面对自己的欲望，其实也可以进入文学院。但现在回想起来，当时的我或许是不想对未来负责。只要按照父母所说，去走那条能满足他们欲望的路，就算不顺利，或发生了什么事，也都不是我的错。因为，大家会认为这是父母的决定。

我相信许多年轻人都有这种想法，按照父母的指示活着。如果这么做，人生一帆风顺也就罢了，但如果遇到逆境，便无法面对这些失败或困难。

没有人会为你的人生负责，请务必了解这一点。

如果一直满足他人的欲望，或许会让人觉得你是个乖孩子、好好先生，也能因此受到大家欢迎。但是，如果你的人生因此被他人掌控、支配，每当他人说你什么，就感到沮丧、伤心、难过，那么受到伤害的，也只有自己。

三、如何成为"有自己衡量标准"的人？

要怎么做才能拥有自己的衡量标准呢？

如果按照他人的标准行事，过得都很顺利的话，便很难察觉拥有自己标准的必要性。

以我自己来说，过去虽然曾被人称赞考进医学院真厉害，但心里总觉得有个疙瘩。然而，直到我正式成为医生后，经历了一次非常大的挫折，那时我才发现，已经不能再顺从他人的欲望生活了。

其实，要拥有自己的标准有个方法，就是努力拒绝他人的要求，就算只能做到稍微拒绝的程度也无妨。你不需要完全忍受对方的要求，不必满足对方，基本原则就是：做不到的事情就勇敢拒绝、不想做的事情尽量不做。

如果你能提起勇气实行这两个原则，便能逐渐发觉"原来我是这样想的"。也就是说，请不要再把满足他人欲望，摆在最优先顺位。

比方说，不讲理的主管强迫你在明天早上，把工作全部完成，这时你可以提出："如果是早上的话，实在是太赶了。是否可以把期限延到明天下午？"

如果朋友说："要不要跟大家一起去爬山？"而你刚好又不太擅长这种运动，就可以回答："我搭登山缆车，在上面等你们好了。"

毕竟在面对讨厌或者不情愿的事时，人没办法太努力，所以你根本不必勉强自己。

　　首先要做的，就是开口说"可是我不太想去"或是"我没办法"，而不是沉默露出微笑，点头答应。

四、理想太高，你才会有各种纠结，让他人趁虚而入

容易被言语攻击的人，对自己的自我评价其实相当低。

这种人经常为自己贴上"反正我就是做不好""反正我到最后还是会被骂"这类负面标签。我们甚至可以说，他们在贴上负面标签后，才能感到安心。

"像我这种人""反正""我就是会"……如果你的口头禅常出现这些字眼，要特别注意了。

事实上，像这种自我评价很低的人，许多都曾在过去与父母的相处上发生问题，或在学校或职场中遭到霸凌等，有过不愉快的经历。当遇见这种人，我总是会告诉他们："我明白你过去曾经经历的事。但是，你无法改变你的过去，或是他人的言行。我了解你憎恨你的父母、欺负你的同学，或讨厌公司的主管。但过去无法改变，如果你一直回想以前的事，并陷入忧郁的情绪，这不是很浪费时间和精力吗？你并不是微不足道的人，而是富有魅力、有价值的人。要记得，幸福就是最大的复仇。如果一直沉浸在过去，是没办法得到幸福的。你一定要变得比现在幸福，而且最好获得成功，让欺负你的人看见，这才是最好的复仇。"

我希望大家能记住，即使过去遇到不重视你的人，或是有人对你做出过分的事，并不代表以后所有人都会这样。

无论过去有没有这种痛苦的经验，对自己的自我评价过低的人，其实是因为对理想中的自己标准太高的缘故。比方说，想象中

的自己像模特一样，身材好、长相漂亮、工作能力强，又非常受异性欢迎。然而在现实中，很少有这样的人。

因为希望自己受欢迎、有许多好朋友等，抱着不切实际的幻想，所以当回到现实生活中后，发现自己并没有那么多好朋友时，就会因落差而感到沮丧。

如果你是走到哪里都受欢迎的风云人物，可能会因为经常受到他人嫉妒而烦恼；而工作能力强的人，也许在背后付出比旁人多好几倍的努力也不一定。理想过高的人没有想到这些，只会在心中描绘出理想的样貌，然后让完美的形象不断膨胀。

近年来，年轻人特别容易出现这种倾向。

因为，现代传播媒体和网络的发达，让大家能轻易接触到各种事物与信息。比方说，即便你不想看，却还是会不经意知道：原来有这么昂贵的衣服；原来有这么高级华丽的豪宅；原来那个有名的运动员年龄和自己差不多，但他的年薪却有这么高……，这些例子不胜枚举。所以，年轻人才会在无意间，过多地沉浸在自己的理想中。尽管这种比较不会带来任何好处，但仍会觉得"为什么我只有这样而已"？

如果不要老是去寻找自己缺乏的东西，而是给现在已经拥有的东西一些正面评价，我想你一定能活得更幸福。

五、不隐藏弱点，帮你筛选出谁是朋友

我听过许多来求诊的病人告诉我，在他们身边没有能诉说烦恼的对象。

当你在公司或学校被欺负，而感到烦恼的时候，找一个值得信赖、能听你诉说的对象很重要。不过说到吐露心声，其实自尊心越强的人，越难向他人倾吐烦恼。因为，这种人并不愿让别人看到自己脆弱的一面。

"我很坚强，我很厉害。"如果一个人每天都这么告诉自己，企图克服心魔、渡过难关的话，便无法向人暴露自己的弱点，也无法和他人分享心事。直到有一天发生重大事件，他们才会像天要塌下来一样，陷入谷底。

承认自己的弱点，或许是一件很困难的事，但却是必要的。

真正坚强的人，其实是不会隐藏弱点的。举例来说，如果你有孩子足不出户、拒绝接触社会与构筑人际关系，你却为此感到羞耻，并将此事隐藏起来不为人知的话，孩子就更难走出去接触这个世界。

这种足不出户、拒绝与外界接触的"宅男宅女"，大多来自医生、教师等精英分子的家庭。比方说，父母希望孩子当医生，因此强迫他去补习、就读以升学为重点的学校，而有一天他突然开始拒绝去上课。父母越是社会精英，就越觉得这是一件羞于启齿的事，既不和亲戚说，也对邻居隐瞒。这么做，绝对无法改善或解决

问题。

如果能不隐瞒，反而公开这件事，才是真正坚强的人。

话虽这么说，但要做到如此坦然，必须积累一些经验才行。如果可以试着对他人透露自己的烦恼或痛苦，并反复练习的话，也会变得比较敢说。

重点是尝试。也就是说，你不需要从头到尾，完完整整地告诉他人。

"我最近还蛮累的……""唉，实在有点痛苦。"像这样，不经意地提起就好。

但是，当你试着对他人吐露心声时，必须慎选对象。因为，有些人喜欢到处散播听来的事情："那个人曾经说过这种话！""她好像跟她男朋友不合。"喜欢到处传话的以女性居多，不过也有些人对他人的不幸感到暗自窃喜。所以，你可以借由吐露信息，来观察对方的反应，并判断对方是怎样的人。

会趁机到处传话，并引以为乐的人，基本上都是很不幸的人。

六、你可以击退攻击，但别指望改变对方的想法

前面我们提到不少在击退攻击时，可以使用的话语，以及必须呈现的态度。

但请别忘记，就算你可以顺利击退对方的攻击，也无法改变对方的想法、个性或是人格本质。横跨在你与对方之间，彼此无法理解的鸿沟，或许根本不会有填平的一天。

所以，最终无论如何，你都必须接受这种理解上的困难。

想法的差异、价值观的不同、生活习惯的不一致……毕竟你与他人是完全不同的个体，所以产生的各种错位，本来就是自然的。

事实上，我每天都在经历这些理解上的困难。比方说，就算我能理智地去理解患者的烦恼或悲伤，但我不一定能产生共鸣。

在日常的人际关系中，也经常发生这种无法理解彼此的现象。举例来说，你觉得自己在为对方着想，因此替他做了某件事，但说不定，这对他来说反而是困扰。我相信大家应该都有过这种经验。

如果你还是抱着他不可能不了解的幻想，只会让自己痛苦而已。而能够认清人与人之间是无法完全互相理解的，才是正确的态度。如果你一直以来都认为，只要把话说清楚，对方就能明白，那么代表你有必要转换想法。

在这世上，有人支持你，一定也有人会反对你。请告诉自己，朋友和敌人大概各占一半。因为，就算是看见相同的东西，每个人的感受仍然不同。

世上既没有完美的父母，也没有理想的朋友，更没有无缺点的主管，这就是现实世界。所以，即便你在心中描绘出理想的样貌，并擅自紧抓着那个形象不放，甚至还把自己拿去作比较，都是毫无意义的。

人当然可以拥有"我希望自己可以变成那样"的愿望，但说穿了，这都只是幻想。就算你希望自己的父母非常有钱，又很温柔，但实际并非如此的话，也只能接受眼前的事实。

有的男性主管在公司，会因为女性部属展现出"我觉得这么做才是理想的主管"，而感到为难。他们觉得部属用眼神在质疑："你这样行吗？"

然而，或许这其实只是主管自己在心里描绘的理想形象，并把自己拿去和心中的形象作比较，才会出现这些反应。

在精神医学上，这种心理状态被称为"幻想性期望的实现"。把自己的愿望投影到幻想的理想形象，让这形象在心中越来越根深蒂固，一旦将理想和现实相比时，便会产生嫉妒或痛苦的情绪。

请试着接受不完美的自己，试着接受人与人之间不可能完全互相理解。

第八章

回嘴不是为了马上分个黑白，
而是为了镇静下来

现在是凡事讲求速度、效率的时代。但如果一发生问题，不管是什么状况，都要马上解决，又有点太操之过急。

有时候，即使是难以忍受的臭味，只要经过一段时间，你便会习惯，不觉得难闻。所以，当遇到问题时，别急着解决。或许当下不采取任何应对措施，也不会怎么样。

交给时间处理，也是一种有效的解决方式。重要的是，你要告诉自己："幸福就是最大的复仇。"

如果你想反击抨击你的人，最好的方法，就是拥有幸福的人生。获得成功、过得幸福，然后再回头去看那些曾经攻击你的人。

当你能这么想，便会觉得"即使我现在不报仇也没关系"，并且能活得更轻松、更从容。

现代人无论遇到什么事，都想马上分个黑白，但人际关系并非能分得那么清楚。

就算你没办法回嘴、反驳，或是你尝试反击了，效果却不如预期，你只要在未来过得幸福就可以了。

这么做，能让自己沸腾的情绪镇静下来，也可避免掀起不必要的风波。"虽然我不知道我现在是赢还是输，总之现在姑且这样"，能这么想，也是一种解决之道。

　　你一定要告诉自己，最终自己能获得幸福就好。请厚着脸皮、坚强地活下去。我们的目的并不是要讲赢对方。在一对一的关系当中，不论当下是胜或是败，都是微小且短暂的。

　　人生还很长，让自己变得幸福，才是最重要的事。

图书在版编目(CIP)数据

成熟大人的回嘴艺术／(日)片田珠美著;郭凡嘉
译.—上海：上海社会科学院出版社,2017
ISBN 978－7－5520－2199－8

Ⅰ.①成…　Ⅱ.①片…②郭…　Ⅲ.①人际关系－口
才学　Ⅳ.①C912.13

中国版本图书馆 CIP 数据核字(2017)第 302003 号

KASHIKOKU "IIKAESU" GIJUTSU
by Tamami Katada
Copyright © Tamami Katada, 2015
All rights reserved.
Original Japanese edition published by Mikasa-Shobo Publishers Co., Ltd.

Simplified Chinese translation copyright © 2018 by Shanghai Academy of
Social Sciences Press
This Simplified Chinese edition published by arrangement with Mikasa-Shobo
Publishers Co., Ltd., Tokyo, through HonnoKizuna, Inc., Tokyo, and
Bardon Chinese Media Agency

译本授权：台湾：大是文化有限公司

成熟大人的回嘴艺术

著　　者：(日)片田珠美
译　　者：郭凡嘉
责任编辑：霍　覃
封面设计：光米动力工作室
出版发行：上海社会科学院出版社
　　　　　上海顺昌路 622 号　邮编 200025
　　　　　电话总机 021－63315900　销售热线 021－53063735
　　　　　http://www.sassp.org.cn　E-mail：sassp@sass.org.cn
排　　版：南京展望文化发展有限公司
印　　刷：上海天地海设计印刷有限公司
开　　本：890×1240 毫米　1/32 开
印　　张：5.125
字　　数：104 千字
版　　次：2018 年 5 月第 1 版　　2018 年 9 月第 2 次印刷

ISBN 978－7－5520－2199－8/C·162　　　　定价：38.00 元